2022 최신 교과서 완벽 반영

하루 한 꼭지 초등 한국사 1
선사~고려 시대

글 정지은 이홍석 | 그림 뭉선생 윤효식

주니어김영사

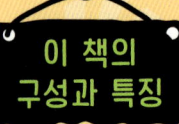
이 책의 구성과 특징

한국사 책이지만 간식단이 추천하는 이유!

최신 사회 교과서를 충실히 반영했어요!

옛날 교과서가 아닌 지금 친구들이 학교에서 쓰는 사회 교과서의 내용을 바탕으로 만들었어요. 최신 교과서의 새로운 내용을 빠뜨리지 않았어요.

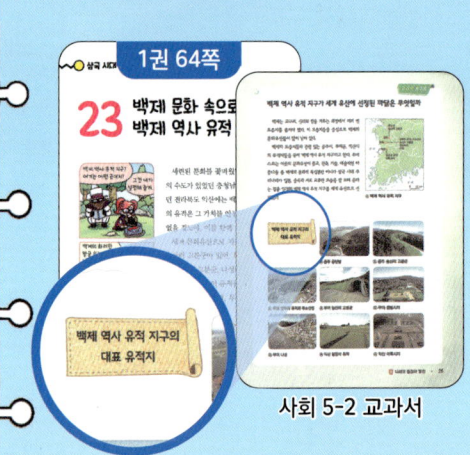
사회 5-2 교과서

단 두 권, 150꼭지면 한국사의 흐름이 잡혀요!

한국사의 핵심 주제를 단 두 권, 150꼭지로 구성했어요. 처음부터 읽으면 한국사의 흐름이 이해되고, 궁금한 주제가 있으면 사전처럼 골라 읽어도 돼요

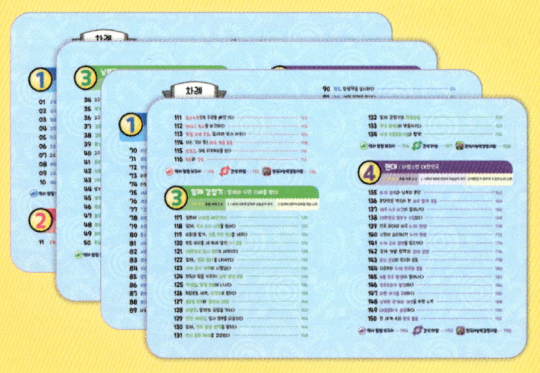

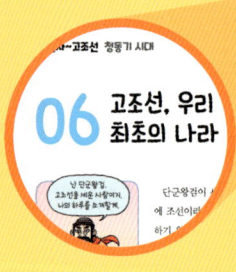

줄글 책이 이렇게 재미있을 줄이야!

인기 캐릭터 간식단과 함께
신나게 역사 탐험을 떠나 보아요.
옛날이야기 같이 재미있는 줄글에
4컷 만화와 삽화로 흥미를 더했어요.

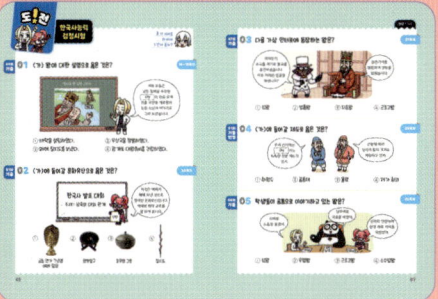

부모님도 선생님도 맘에 쏙 든 알찬 구성!

〈쏙쏙 퀴즈〉로 꼭지 내용을 점검하고,
〈역사 탐험 보고서〉로 각 시대를 정리해요.
〈간식 타임〉에서 학습 내용을 확인하고
〈한국사능력검정시험〉에 도전해 봐요!

차례

1 선사·고조선 : 최초의 나라가 세워지다

교과 연계 초등 사회 5-2   1. 옛사람들의 삶과 문화   ① 나라의 등장과 발전

- **01** 구석기 시대, 돌을 깨트려 도구를 만들다 ······ 14
- **02** 신석기 시대, 농사를 짓기 시작하다 ······ 16
- **03** 청동기 시대, 마을의 지배자가 나타나다 ······ 18
- **04** 고인돌, 거대한 돌을 세운 까닭은? ······ 20
- **05** 단군 신화, 고조선의 건국 이야기 ······ 22
- **06** 고조선, 우리 역사 최초의 나라 ······ 24
- **07** 고조선에 철기가 들어오다 ······ 26
- **08** 위만, 고조선의 왕이 되다 ······ 28
- **09** 고조선 대 한나라 최후의 전쟁 ······ 30
- **10** 여러 나라가 성장하다 ······ 32

역사 탐험 보고서 ······ 34   간식 타임 ······ 35   한국사능력검정시험 ······ 36

2 삼국 시대 : 삼국이 서로 경쟁하다

교과 연계 초등 사회 5-2   1. 옛사람들의 삶과 문화   ① 나라의 등장과 발전

- **11** 주몽, 고구려를 세우다 ······ 40

12	**고구려의 성장**과 위기	42
13	**광개토 대왕**, 거대한 고구려를 만들다	44
14	**장수왕**, 한강 유역을 차지하다	46
15	**고구려 비석**이 말해 주는 것	48
16	**고분 벽화**, 벽에 그린 고구려인의 삶	50
17	**온조**, 백제를 세우다	52
18	고구려와 닮은꼴 백제의 **돌무지무덤**	54
19	**근초고왕**, 평양성을 공격하다	56
20	**칠지도**, 백제가 왜에 전한 보물	58
21	**무령왕**, 아름다운 무덤에 묻히다	60
22	관산성 전투, **성왕**의 깨어진 꿈	62
23	백제 문화 속으로, **백제 역사 유적 지구**	64
24	**박혁거세**가 신라를 세우다	66
25	**내물 마립간**, 신라의 위기와 성장	68
26	**지증왕**, 소로 농사짓기를 권하다	70
27	**법흥왕**, 불교를 받아들이다	72
28	**진흥왕**, 한강 유역을 차지하다	74
29	**선덕 여왕**, 첫 여왕의 탄생	76
30	**수로왕**, 금관가야를 세우다	78
31	**대가야**, 후기 가야 연맹을 이끌다	80
32	삼국 시대 **불교 문화**	82
33	삼국 시대 **외국과의 교류**	84

역사 탐험 보고서 …· 86   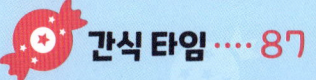 간식 타임 …· 87   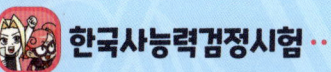 한국사능력검정시험 …· 88

3 남북국 시대 : 남쪽엔 신라, 북쪽엔 발해

교과 연계 초등 사회 5-2 　1. 옛사람들의 삶과 문화　　① 나라의 등장과 발전

34 고구려가 **수나라 대군**을 무찌르다 ·············· 92
35 **연개소문**, 고구려의 권력자가 되다 ·············· 94
36 고구려가 **당나라 대군**을 물리치다 ·············· 96
37 **김춘추**, 신라와 당의 동맹을 맺다 ·············· 98
38 **김유신**, 신라 최고의 명장 ·············· 100
39 **황산벌 전투**, 백제 최후의 저항 ·············· 102
40 고구려의 멸망과 **삼국 통일** ·············· 104
41 **문무왕**, 삼국 통일의 꿈을 이루다 ·············· 106
42 **신문왕**, 국학을 세우다 ·············· 108
43 **대조영**, 발해를 세우다 ·············· 110
44 발해, **해동성국**이라 불리다 ·············· 112
45 **발해의 문화**, 고구려를 계승하다 ·············· 114
46 **원효와 의상**, 불교를 널리 알리다 ·············· 116
47 **불국사와 석굴암**을 완성하다 ·············· 118
48 **장보고**, 청해진을 세우다 ·············· 120
49 **최치원**, 신분의 벽에 막힌 천재 ·············· 122
50 **후삼국**이 성립하다 ·············· 124

 역사 탐험 보고서 ···· 126　 **간식 타임** ···· 127　 **한국사능력검정시험** ···· 128

4 고려 시대 : 다채로운 문화를 꽃피운 고려

교과 연계 초등 사회 5-2 1. 옛사람들의 삶과 문화 ② 독창적 문화를 발전시킨 고려

51 왕건, 고려를 세우다 ………………………………… 132
52 광종, 과거제를 실시하다 ……………………………… 134
53 과거제와 음서, 관리가 되는 길 ……………………… 136
54 서희, 말로 거란을 물리치다 ………………………… 138
55 강감찬, 귀주 대첩에서 승리하다 …………………… 140
56 윤관, 여진을 정벌하다 ……………………………… 142
57 벽란도, 고려 제일의 무역항 ………………………… 144
58 이자겸의 난, 고려를 뒤흔들다 ……………………… 146
59 묘청, 서경 천도를 주장하다 ………………………… 148
60 무신들이 난을 일으키다 ……………………………… 150
61 몽골이 고려를 침략하다 ……………………………… 152
62 몽골풍과 고려양, 원 간섭기 문화 …………………… 154
63 공민왕, 개혁 정치를 펼치다 ………………………… 156
64 신진 사대부, 성리학으로 무장하다 ………………… 158
65 정몽주, 고려의 충신으로 남다 ……………………… 160
66 고려 시대 가족 제도 ………………………………… 162
67 고려 시대 불교 문화 ………………………………… 164
68 고려청자, 고려 최고의 예술 ………………………… 166
69 서양보다 앞섰던 인쇄 기술 ………………………… 168

역사 탐험 보고서 ····· 170   간식 타임 ····· 171   한국사능력검정시험 ····· 172

등장인물 소개

스트로베리 초코 쿠앤크 바닐라

간식단 세상의 모든 간식을 먹고 싶어 하는 믿지 않은 악당들이야. 다른 차원에서 온 시간 여행자의 부탁을 받고 우리 역사 속으로 탐험을 떠나게 돼.

단군왕검 우리 역사 최초의 나라 고조선을 세웠어. 단군 신화로도 잘 알려져 있어.

주몽 죽을 위기를 피해 부여를 떠나 고구려를 세웠어. 활쏘기의 명수야.

근초고왕 백제의 전성기를 이끈 왕이야. 고구려를 공격하고 백제의 영토를 크게 넓혔어.

광개토 대왕 고구려를 강력한 나라로 만든 왕이야. 사방의 적을 떨게 만들 만큼 용맹했어.

진흥왕
신라의 전성기를 연 왕이야. 한강 유역을 차지하고 중국과 교류했어.

김유신
신라의 삼국 통일을 이끈 명장이야. 싸움에 나가 져 본 적이 없대.

대조영
발해를 세운 왕이야. 옛 고구려 백성들을 이끌고 당나라를 탈출했어.

최치원
통일 신라 때의 천재 학자야. 신분의 벽에 막혀 안타깝게 뜻을 펼치지 못했어.

장보고
통일 신라 때의 장수야. 청해진을 세워 해적들을 소탕하고 큰 세력을 떨쳤어.

왕건
고려를 세운 왕이야. 난폭한 궁예를 몰아내고 분열되어 있던 후삼국을 통일했어.

서희
고려의 신하야. 거란의 침입 때 혼자서 적 장수와 담판을 해서 적을 물리쳤어.

공민왕
고려 말의 왕이야. 원나라의 간섭에서 벗어나 고려를 개혁하려고 했어.

프롤로그

역사 탐험의 시작

얘들아, 안녕.
우리는 간식단이야.

바로 세상의 모든 간식을 차지하려는 악당들이지. 그러니까 아주 무서운 사람들이라고. 후훗. 하지만 우리가 악당이라고 해서 무조건 나쁜 짓만 벌이는 건 아니야. 우리는 그저 아이스크림, 초콜릿, 젤리, 딸기 케이크 등 세상의 모든 맛있는 간식들을 그냥 지나치지 못하는 것뿐이니까. 맛있는 간식이라면 어떻게 해서든 손에 넣고 말지.

우리는 이제부터 과거로 시간 여행을 떠날 거야. 갑자기 시간 여행이라니, 무슨 황당한 소리냐고? 이상하게 들리겠지만 사실이야. 놀랍게도 며칠 전 다른 차원에서 온 시간 여행자가 우릴 찾아왔어. 그 사람은 지금까지 아주 오랫동안 과거로 시간 여행을 다녀 왔대. 그런데 갑자기 우리보고 자기 대신에 먼 옛날로 시간 여행을 떠나라는 거야.

시간 여행자 혼자서는 모든 곳을 다닐 수 없기 때문이라나. 대신 우리가 옛날 우리나라로 시간 여행을 가서 본 일을 자기에게 알려 달라고 하더라고. 보고서를 써서 말이지. 시간 여행자는 그걸 **역사 탐험 보고서**라고 부르던데. 역사 탐험 보고서를 써 내고 여행을 잘 다녀왔는지 확인만 되면 다른 누구도 맛

보지 못한 최고의 간식들을 주겠다고 했어.

 황당한 이야기였지만, 그의 말은 사실이었어. 그가 건네준 시간 여행 장치는 정말로 작동했거든. 물론 아주 조심해서 다뤄야만 해. 시간 여행 장치를 잘못 조작하면 다시는 현재로 돌아오지 못할 수도 있대! 아무튼 주의하기만 한다면 우리가 손해 볼 건 없잖아? 벌써부터 어떤 간식을 보상으로 받을지 군침이 도네. 게다가 과거로의 시간 여행이라니, 정말 멋진걸!

 자, 그럼 이제부터 과거로의 시간 여행, 그러니까 역사 탐험을 떠날 거야. 다들 조심해서 따라오라고!

출동!

1 선사·고조선

70만년 전
구석기 시대가 시작되다

1만년 전
신석기 시대가 시작되다

기원전 2000년경
만주에 청동기가 널리 퍼지다

기원전 4세기 말
연나라가 고조선을 침공하다

최초의 나라가 세워지다

이 땅에 사람들이 살기 시작한 것은 수십만 년 전부터야. 사람들은 처음엔 돌을 깨뜨려서 단순한 도구를 만들 줄밖에 몰랐어. 나중엔 돌을 갈아서, 그 뒤엔 금속을 이용해서 도구를 만들 수 있게 되었지. 사람들은 차츰 계급으로 나뉘었고 더 큰 사회를 이루었어. 그러면서 마침내 우리 역사 최초의 나라 고조선이 세워진 거야.

기원전 2세기 초
위만, 고조선의 왕이 되다

기원전 108년
고조선 대 한나라 최후의 전쟁

 선사~고조선 70만 년 전 시작

01 구석기 시대, 돌을 깨트려 도구를 만들다

#뗀석기 #주먹도끼
#이동 생활
#안돌아다닐방법없나?

지구상에 처음 사람이 살기 시작했을 때 그 모습은 원숭이와 비슷했어. 자연 그대로의 상태에서 먹을 것을 구하고, 비바람을 피할 곳을 찾아야 했지. 그랬던 사람이 수백만 년 동안 차츰차츰 지식과 기술을 발전시킨 결과, 오늘날과 같은 발달한 사회를 이루게 된 거야.

그렇다면 사람과 다른 동물의 큰 차이는 무엇이었을까? 바로 사람은 도구를 만들어 사용했다는 점이야. 처음에 사람들은 그저 돌을 깨트리거나 떼어서 뾰족하게 만들어 도구로 썼어. 이렇게 사람이 처음 만든 도구를 **뗀석기**라고 불러. 그리고 뗀석기를 사용한 시대를 **구석기 시대**라고 해. 우리나라에서는 70만년 전쯤 구석기 시대가 시작되었어.

구석기 시대의 가장 대표적인 도구는 <u>주먹도끼</u>야. 겉보기엔 단순해 보여도 주먹도끼는 구석기 시대의 *만능 도구였어.

"주먹도끼만 있으면 동물 가죽을 벗기는 건 식은 죽 먹기지."

주먹도끼는 사람이 처음으로 같은 모양으로 맞추어 만든 도구야. 뾰족한 끝부분과 몸통이 일정한 길이와 너비를 유지하고 있어. 각각 크기는 달라도 만들 때 미리 계획해서 똑같게 만들었음을 짐작할 수 있지.

구석기 시대 사람들은 주먹도끼와 같은 뗀석기를 이용하여 동물과 물고기를 <u>사냥</u>하고, 조개를 캐거나 식물의 열매와 뿌리를 *<u>채집</u>해 먹었어. 또 이때부터 불을 활용하여 날것을 익혀 먹기 시작했지.

"더 이상 주변에 먹을거리가 없네. 먹을거리가 있는 다른 곳으로 <u>이동</u>해 보자!"

구석기 시대 사람들은 먹을 게 없으면 다른 지역으로 이동했어. 그래서 대개는 집을 짓지 않고 동굴이나 바위 그늘에 머물렀지. 동굴이 없으면 나무줄기를 엮어 간단한 막집을 짓고 살기도 했어.

"이번 사냥에서 짐승을 많이 잡았으면 좋겠군."

"아이도 많이 생겼으면 좋겠어요."

구석기 시대 사람들이 살던 동굴 벽에는 사냥이 잘되고 아이를 많이 낳기를 기도하며 그린 그림이 남아 있기도 해.

낱말 체크

★**만능** 모든 일에 다 능통하거나 모든 일을 다 할 수 있음. 또는 그런 것.

★**채집** 널리 찾아서 얻거나 캐거나 잡아 모으는 일.

주먹도끼

경기도 연천 전곡리에서 발견된 주먹도끼야. 사냥, 나무 손질, 고기 자르기 등 다양한 용도로 쓰였어. 돌을 깨뜨려 날을 만든 부분이 꽤나 날카로워 보이지?

구석기 시대 소년, 흥수아이

1983년 충청북도의 한 동굴에서 구석기 시대에 살았던 어린아이의 뼈가 발견되었어. 아이에게는 발견자의 이름을 따서 흥수아이란 이름을 붙여 주었지. 뼈 주위에서 곱게 흙을 뿌린 흔적과 국화꽃 화석이 발견되었어. 흥수아이의 장례를 치렀던 흔적이야.

쏙쏙 퀴즈 맞는 것 고르기

1 구석기 시대의 뗀석기는 (돌/철)을 깨트려 만들었다.

2 구석기 시대의 만능 도구였던 것은 (주먹도끼/주먹칼)이다.

 선사~고조선 1만년 전 시작

02 신석기 시대, 농사를 짓기 시작하다

#간석기 #토기
#농경 #정착
#내일은신상토기입고예정

돌을 깨서 도구를 만들어 사용하던 사람들은 어느 순간 깨달았어.
"돌을 갈면 더 날카롭고 뾰족해져서 사용하기 좋겠어!"

이렇게 돌을 갈아서 만든 도구를 **간석기**라고 불러. 그리고 이러한 도구를 사용했던 시대를 **신석기 시대**라고 해. 신석기 시대에는 도구를 보다 정교하게 만들 수 있게 되면서 가락바퀴와 뼈바늘을 사용해 옷을 만들어 입었어. 앞선 구석기 시대에는 동물의 가죽을 그저 몸에 걸치는 정도였지.

신석기 시대에 나타난 중요한 변화는 먹을 것을 찾아 헤매던 사람들이 마침내 농사를 짓기 시작했다는 거야. 그 시작은 아마 먹고 버린 식물 씨앗에서 싹이 자란 걸 우연히 발견하면서부터였을 거야. 농사를 지으면서 사람들의 생활은 그전과는 완전히 달라지게 되었지.

"더 이상 먹을거리를 찾아 헤맬 필요가 없구나!"

사람들은 이제 떠돌아다니는 대신에 먹을거리가 풍부한 강가나 바닷가 근처의 땅에서 농사를 짓고 살았어. 이것을 *농경이라고 해.

🔍 가락바퀴의 사용

가락바퀴는 실을 만들 때 사용했어. 가락바퀴의 둥근 구멍에 막대를 끼우고 여기에 짐승의 털이나 식물에서 뽑아낸 실을 감아 회전시키는 거야. 그러면 자연스럽게 배배 꼬인 실을 얻을 수 있어.

동굴에서 지내는 대신 곡식을 수확하고 남은 짚을 엮어 움집을 지었지. 그럴듯한 집을 짓고 머무르는 ★정착 생활을 한 거야. 개나 양 같은 짐승을 길들여서 ★목축을 하기 시작한 것도 이 시대야.

농사를 지으면서 먹을 것이 늘어나자, 먹고 남은 음식을 저장할 필요가 생겼어. 그래서 사람들은 흙을 구워서 토기를 만들어 사용했어. 빗살무늬 토기는 간석기와 더불어 신석기 시대를 대표하는 물건이지.

"자, 남은 음식은 여기 토기에 넣어 두자꾸나."

신석기 시대 사람들은 농사에 영향을 주는 태양이나 구름 같은 자연에도 영혼이 있어서 그들이 화가 나면 가뭄이 오거나 홍수가 난다고 믿었어[애니미즘]. 또 호랑이나 곰 같은 강한 동물들이 자기 무리를 지켜 주는 존재라고 생각하기도 했지[토테미즘].

신석기 시대에는 똑똑하고 경험 많은 사람이 우두머리가 되어 무리를 이끌었어. 하지만 우두머리라고 남들보다 특별히 더 많은 곡식이나 재산을 차지했던 것은 아니야. 신석기 시대에는 모든 사람이 함께 일하고 먹을 것을 나누는 평등한 생활을 했지.

낱말 체크

★농경 논밭을 갈아 농사를 짓는 것.

★정착 일정한 곳에 자리를 잡아 머물러 삶.

★목축 소·말·양·돼지 따위의 가축을 많이 기르는 일.

신석기 시대 유물

빗살무늬 토기

신석기 시대의 대표적인 토기야. 표면에 빗살 모양의 무늬가 새겨져 있어. 저장, 운반, 조리의 용도로 사용되었지.

갈돌과 갈판

곡식을 가는 데 사용한 도구야. 곡식을 갈판 위에 올려 두고 갈돌로 문질러 갈았어.

쏙쏙 퀴즈 — 맞으면 O, 틀리면 X

1 신석기 시대에 처음으로 농사를 짓기 시작했다.

2 신석기 시대 사람들은 이곳저곳 떠돌아다니며 생활했다.

 선사~고조선 기원전 2000년경 시작

03 청동기 시대, 마을의 지배자가 나타나다

#청동기
#계급 발생 #군장 등장
#평범한사람들좋은시절끝

농사를 지어 먹고 남은 것을 저장할 수 있게 되자, 시간이 갈수록 자연스레 먹을거리를 많이 가진 사람과 적게 가진 사람이 생겨났어.

"이번 농사를 망쳤어요. 혹시 먹을 것을 좀 빌릴 수 있을까요?"

"흠, 좋아. 곡식을 빌려주지. 대신 내가 시키는 일을 해야 해."

재산은 곧 힘이 되었어. 차츰 재산을 많이 가진 사람과 못 가진 사람이 생겼지. 그러면서 신분이 높은 사람과 낮은 사람의 구별이 나타났어. **계급**이 생겨난 거야. 가장 높은 계급은 마을을 다스리는 지배자였지. 마을의 지배자는 사람들을 모아 옆 마을을 공격해 재산을 빼앗고, 붙잡은 사람들을 *노비로 삼기도 했어.

이 시대가 되면 사람들은 **청동**으로 도구를 만들 수 있게 돼. 그래

서 이때를 **청동기 시대**라고 하지. 청동은 구리와 주석을 섞어 만든 금속이야. 구리와 주석을 뜨거운 불로 녹인 다음 ★거푸집이라는 틀에 부어서 식히면 청동기를 만들 수 있었지.

청동기는 돌에 비해 귀하고 만들기도 까다로워서 아무나 가질 수 없었어. 마을 지배자의 힘을 나타내는 특별한 물건이었지.

"귀한 청동으로 칼을 만들어 사람들에게 자랑해야겠다."

청동기 시대 마을의 지배자를 **군장**이라고 불러. 군장은 청동기를 특별한 순간에 사용했어. 이를테면 농사가 잘되게 해 달라고 하늘에 제사를 지낼 때 말이야. 군장이 빛나는 청동 검과 청동 방울, 청동 거울을 들고 사람들 앞에 나타나면 사람들은 군장을 우러러보았을 거야.

"와, 군장님의 번쩍이는 청동 검 좀 보게. 탐나는구먼."

"부러워하면 뭐 하나. 우리는 우리 할 일이나 하자고."

청동기 시대에도 농사를 지을 때에는 여전히 돌로 만든 도구를 썼어. 가장 대표적인 도구가 **반달 돌칼**이야. 반달 돌칼은 곡식의 ★이삭을 따는 데 사용했어.

토기는 빗살무늬 토기 대신 무늬가 없는 민무늬 토기를 많이 사용했어.

낱말 체크

★**노비** 남자 종과 여자 종을 아울러 이르는 말.

★**거푸집** 만들려는 물건의 모양대로 속이 비어 있어 거기에 쇠붙이를 녹여 붓도록 되어 있는 틀.

★**이삭** 벼, 보리 따위 곡식에서 열매가 열리는 부분.

반달 돌칼

반달 모양이라서 반달 돌칼이라고 불러. 돌칼의 구멍에 줄을 끼워 손에 엮고 곡식의 이삭을 땄어.

여러 가지 청동기

비파형 동검
청동으로 만든 검이야. 비파라는 악기를 닮아서 이런 이름이 붙었어.

팔주령
제사 때 사용한 청동 방울이야. 8개의 방울이 달려 있어.

거친무늬 거울
제사 때 사용한 청동 거울이야. 뒷면 고리에 줄을 묶어 목에 걸었어.

쏙쏙 퀴즈 - 맞는 것 고르기

1 청동기 시대 마을을 다스리던 지배자는 (군장/대장)이다.

2 청동기 시대에 농사 도구는 (청동/돌)(으)로 만들었다.

 선사~고조선 **청동기 시대**

04 고인돌, 거대한 돌을 세운 까닭은?

#고인돌
#세계 문화 유산
#근데무엇때문에이고생을?

고인돌을 본 적 있니? 고인돌은 청동기 시대에 만들어졌어. 두 개의 큰 돌을 나란히 고인 뒤, 그 위에 더 큰 돌을 눕힌 거야. 말 그대로 '고인 돌'이지. 우리나라는 '고인돌 왕국'이라고 불릴 만큼 고인돌이 많아. 전 세계 고인돌의 약 40%가 우리나라에 있다고 해. 특히 인천광역시 강화도, 전라북도 고창, 전라남도 화순에 있는 고인돌 *유적은 매우 독특해서 **세계 문화유산**으로 지정되었어.

고인돌 중 규모가 큰 것은 위에 올린 덮개돌의 무게가 100톤에 이르는 것도 있어. 작은 트럭 1대의 무게가 1톤이야. 그런 트럭 100대가 모인 무게라니 엄청나지 않니?

청동기 시대 사람들은 이처럼 거대한 고인돌을 어떻게 만들었을까? 고인돌을 *축조하려면 일단 엄청난 수의 사람들이 모여야 했을 거야.

"헉, 우리더러 저 큰 돌을 나르라고요?"

"다 방법이 있으니 시키는 대로만 해!"

무거운 받침돌은 직접 들기 어려우니, 아래에 잘 굴러가는 기다

? 고인돌의 종류

고인돌은 그 모양에 따라 크게 탁자식 고인돌과 바둑판식 고인돌로 나눠.

탁자식 고인돌   바둑판식 고인돌

란 통나무를 여러 개 깔고 돌을 굴렸을 거야. 그리고 땅을 깊게 파서 받침돌 두 개를 세워. 그다음에는 받침돌을 덮을 만큼 흙을 쌓아. 마치 언덕처럼 보이게 말이야. 그리고 다시 둥근 통나무를 바닥에 깔고 그 위로 덮개돌을 언덕 위로 끌고 올라가는 거지. 마지막으로 쌓았던 흙을 치우면, 짜잔! 고인돌 완성!

고인돌을 만들기 위해서 엄청나게 많은 사람이 필요했던 것을 보면, 그만큼 많은 노동력을 ★동원할 수 있는 높은 신분의 지배자가 있었던 것을 알 수 있어. 그래서 고인돌은 신분이 처음 나뉘기 시작하는 **청동기 시대**를 대표하는 유적이야.

고인돌은 어떤 이유에서 만든 걸까? 가장 널리 알려진 설명은 고인돌이 청동기 시대 지배자인 **군장의 무덤**이라는 거야. 그런데 무덤이라기엔 고인돌 아래에서 아무런 시체나 물건이 발견되지 않았어. 그래서 고인돌을 기념물이나 제사를 지냈던 장소로 보는 의견도 있지. 진짜 고인돌의 정체는 무엇이었을까?

낱말 체크

★**유적** 건축물이나 싸움터 또는 역사적인 사건이 벌어졌던 곳.

★**축조** 쌓아서 만드는 것.

★**동원** 어떤 목적을 이루고자 사람을 모으거나 물건, 방법 따위를 집중하는 것.

강화도의 고인돌

인천광역시 강화군 부근리에 있는 탁자식 고인돌이야. 지상에서의 높이가 2.6m이고 덮개돌의 길이는 7m야. 전체 무게는 50톤이 넘친. 우리나라의 탁자식 고인돌 가운데 규모가 큰 편에 속해.

고인돌 만들기
1. 땅을 파서 받침돌 세우기
2. 받침돌을 흙으로 덮기
3. 통나무를 써서 덮개돌 올리기
4. 흙을 치워서 고인돌 완성하기

쏙쏙 퀴즈 — 맞으면 O, 틀리면 X

1. 현재 우리나라에는 고인돌이 거의 남아 있지 않다. ☐

2. 고인돌을 만들던 시대에는 신분의 구별이 없었다. ☐

 선사~고조선 기원전 2333년경

05 단군 신화, 고조선의 건국 이야기

#단군 신화
#곰 부족 #호랑이 부족
#우리엄마가곰이었다니…

우리 역사 속 최초의 나라는? 맞아, 바로 고조선이야. 먼 옛날 고조선이 세워졌을 무렵의 모습을 담은 신비한 이야기가 전해지고 있는데 이를 **단군 *신화**라고 해. 어떤 이야기인지 들어 볼래?

옛날 하늘을 다스리던 환인의 아들 **환웅**은 사람들이 사는 세상에 관심이 많았어. 그러자 환인이 환웅에게 말했어.

"땅에 내려가 널리 사람들을 보살피고 이롭게 하거라."

환웅은 바람을 다스리는 풍백, 비를 다스리는 우사, 구름을 다스리는 운사와 무리 3천 명을 데리고 태백산 꼭대기의 신단수라는 나무 아래로 내려왔어. 그리고 사람들에게 농사짓는 법과 병을 치료하는 방법을 가르쳐 주고, 사람들이 더 잘 살 수 있게 도와주었어.

그러던 어느 날 사람이 되고 싶은 곰과 호랑이가 환웅을 찾아와 사람이 되게 해달라고 간청했어.

"100일 동안 해를 보지 않고, 쑥과 마늘만 먹으면 사람이 될 수 있을 것이다."

환웅의 말을 들은 곰과 호랑이는 해가 들어오지 않는 동굴에 들어가 쑥과 마늘만 먹었어. 그러나 성질이 급했던 호랑이는 도중에 참지 못하고 동굴을 뛰쳐나가고야 말았지.

"더 이상 못 참겠다! 맛있는 고기가 먹고 싶어!"

하지만 곰은 꾹 참고 버티더니, 21일 만에 여자가 될 수 있었어. 곰은 **웅녀**라는 이름을 받고 환웅과 결혼했어. 그리고 아들을 낳았는데, 그가 바로 **고조선**을 세운 **단군왕검**이야. 단군왕검은 1,500년 동안 고조선을 다스렸다고 해.

어때? 이야기에 믿기 어려운 내용이 있지? 하지만 이러한 신화 속에서도 우리는 어떤 사실을 찾아낼 수 있어. 환웅이 이끄는 무리는 아마 그 지역에서 세력이 크거나 기술이 뛰어난 집단이었을 거야. 그래서 곰과 호랑이를 *섬기는 집단이 환웅을 찾아왔지. 하지만 결국 곰을 섬기는 집단만이 환웅과 결합하여 고조선이란 나라를 세우게 된 거야.

이처럼 고조선의 건국 신화를 통해 우리는 고조선이라는 나라가 어떻게 세워졌는지를 짐작해 볼 수 있어.

낱말 체크

★**신화** 아주 옛날부터 전해지는, 신이나 영웅 등에 관한 신성한 이야기.

★**섬기다** 신이나 윗사람을 잘 모시어 받들다.

『삼국유사』

고려 시대의 승려 일연이 고조선부터 후삼국까지 있었던 역사와 불교 관련된 이야기를 모아 놓은 책이야. 『삼국유사』에는 단군 신화를 비롯해 삼국과 가야의 건국 신화가 실려 있어. 김부식이 쓴 역사책인 『삼국사기』와 함께 삼국 시대의 역사와 문화를 알 수 있게 해 주는 소중한 책이지.

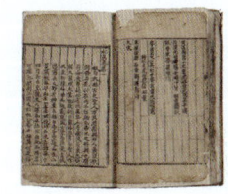

단군왕검은 누구일까?

단군왕검은 제사장을 뜻하는 '단군'과 정치 지배자를 뜻하는 '왕검'이 합쳐진 말이야. 지금으로 치면 종교 집단을 이끄는 우두머리가 대통령의 일까지 맡는 것이었지. 그만큼 이 시대의 지배자는 나라를 다스리는 것뿐만 아니라 하늘의 뜻을 잘 살피는 일이 매우 중요했어.

쏙쏙 퀴즈 맞는 것 고르기

1 단군 신화는 (고조선 / 신라)의 건국 이야기이다.

2 환웅과 (웅녀 / 호녀)가 결혼해 단군왕검을 낳았다.

선사~고조선 **청동기 시대**

06 고조선, 우리 역사 최초의 나라

#비파형 동검
#미송리식 토기 #제정일치
#최초의나라축하축하!

단군왕검이 세운 고조선의 원래 이름은 '조선'이야. 그런데 나중에 조선이라는 같은 이름의 나라가 또 세워졌기 때문에 둘을 구분하기 위해서 앞선 조선을 옛날 조선이라는 의미로 '고조선'이라고 불러.

고조선은 **청동기 시대**에 세워진 나라여서 고조선의 옛 땅에서는 여러 가지 청동기 시대의 *유물들이 발견되었어. 그중에서도 비파형 동검, 탁자식 고인돌, 미송리식 토기가 함께 나오는 지역이 고조선 사람들이 살았던 곳일 거라고 해. 아래 지도를 보면 고조선의 범

위가 어느 정도였는지 알 수 있겠지?

고조선은 한 명의 지배자가 나라를 다스리는 왕과 하늘에 제사를 지내는 제사장 역할을 모두 담당하는 사회였어. 이를 좀 어려운 말로 **제정일치** 사회라고 해. 이러한 점은 고조선을 세운 **단군왕검**의 이름에서도 알 수 있어. 단군왕검은 제사장을 뜻하는 '단군'과 나라를 다스리는 사람을 뜻하는 '왕검'을 합쳐 부르는 이름이거든.

"오늘은 왕으로서 백성들을 이끌며 나라의 땅을 넓히지. 그리고 내일은 제사장으로서 하늘의 축복을 비는 제사를 지내야겠다. 아이고, 바쁘다, 바빠!"

현재 남아 있는 청동기에는 당시 사람들이 농사를 짓는 모습이 새겨져 있어. 그때는 주로 콩, 조, 팥, 수수 같은 곡식을 많이 먹었다고 해. 벼농사를 지어 쌀도 먹기 시작했지.

고조선의 유물 중에는 동물의 뼈로 만든 칼이나 숟가락, 국자 등도 발견되어서 음식을 만들어 먹을 때 사용했던 것을 알 수 있어. 또 동물의 털이나 삼베, 비단으로 옷을 만들어 입었지. 보통 사람들은 짚으로 만든 신을 신었는데, 신분이 높은 사람들은 가죽 신발을 신었대.

어때, 고조선 사람들의 생활 모습이 어땠을지 머릿속에 그려지니?

낱말 체크

★**유물** 앞서 살다 간 조상들이 남긴 물건.

미송리식 토기

평안북도 의주 미송리에서 처음 발견되어서 미송리식 토기라고 불러. 무늬가 없는 민무늬 토기인데, 아가리가 넓고 손잡이가 있는 게 특징이야.

농경문 청동기

청동기 시대에 사람들이 농사 짓는 모습을 엿보게 해 주는 유물이야. 농부가 밭을 가는 모습과 추수한 곡물을 토기에 담는 모습 등 농경 장면이 새겨져 있어.

쏙쏙 퀴즈 — 맞으면 O, 틀리면 X

1. 고조선은 신석기 시대에 세워진 나라이다.

2. 고조선에는 왕과 제사장이 따로 있었다.

 선사~고조선 기원전 500년경

07 고조선에 철기가 들어오다

#철제 농기구와 무기
#세형 동검
#철제무기있으니조심하셈

고조선이 나라의 힘을 키워 가던 무렵, 중국 땅에는 여러 나라들이 들어서서 누가 더 센지 서로 아웅다웅 다투고 있었지.

"동쪽에 고조선이란 나라는 평화롭고 살기 좋대!"

끝나지 않는 전쟁에 지친 중국 사람들 중 일부는 고조선에 와서 살고 싶어 했어.

"고조선으로 가자! **철기**를 만드는 방법을 알려 주면 고조선도 우리를 받아 주지 않을까?"

이때 중국에는 철로 도구를 만드는 기술이 있었거든. 철은 돌은 물론이고 청동보다도 훨씬 단단했어. 철로 만든 무기를 쓰면 청동 무기를 쓰는 나라와의 전쟁에서 쉽게 승리할 수 있었지. 또 철로 농

기구를 만들어 쓰면 농사짓기도 훨씬 편했어.

"돌도끼는 쉽게 망가져 버리는데, 철 도끼는 만 번을 찍어도 끄떡없네!"

중국 사람들이 고조선으로 *이주해 오면서 고조선에서도 철로 도구를 만들어 사용할 수 있게 되었어. 이와 함께 청동기를 제작하는 기술도 더욱 발전했지. 그래서 이 시대에는 세형 동검이나 잔무늬 거울 같은 청동기도 많이 만들었어.

중국에서 고조선과 가장 가까운 곳에 위치한 나라는 **연나라**였어. 철기를 만들 수 있게 된 고조선은 슬금슬금 세력을 키우더니 어느덧 연나라 땅을 탐내기 시작했어. 연나라는 자신들을 위협할 정도로 커진 고조선이 눈에 거슬렸지.

"어쭈, 고조선이 많이 컸네, 우리가 혼쭐을 내 주마!"

"흥, 우리에게도 철기가 있어! 쉽게 당하지는 않을걸?"

결국 연나라는 진개라는 장수를 보내 고조선의 서쪽 지방을 공격했어. 그리고 고조선의 넓은 땅을 빼앗았지. 고조선은 이때 세력이 많이 약해지게 되었어.

낱말 체크

★이주 개인이나 집단이 본래 살던 지역을 떠나 다른 지역으로 이동해 사는 것.

철기 시대의 청동기

철기가 보급된 이후 청동기를 만드는 기술도 더욱 발달했어. 이 시기에 만들어진 세형 동검은 한반도에서 주로 발견되어서 '한국식 동검'으로도 불려. 청동 거울도 이전보다 정교한 잔무늬 거울을 만들어 사용했어.

세형 동검   잔무늬 거울

고조선의 철기

고조선 사람들은 철로 다양한 도구를 만들어 쓰기 시작했어. 창과 검 같은 무기는 물론이고, 도끼나 괭이 같은 농사 도구도 철로 만들었지.

쏙쏙 퀴즈 맞는 것 고르기

1 철기는 청동기보다 (**단단했다**/약했다).

2 고조선은 중국의 (**연나라**/초나라)와 대립했다.

선사~고조선 **기원전 2세기 초**

08 위만, 고조선의 왕이 되다

#위만조선
#범금 8조
#세상에믿을신하없음

고조선의 바다 건너에서는 중국을 처음으로 통일했던 진나라가 얼마 못 가 멸망하고 한나라가 다시 중국을 통일했어. 계속되는 혼란 속에 고조선 가까이 살던 중국인들은 전쟁을 피해 고조선으로 도망쳐 왔어.

위만도 그중 하나였어. 위만은 자신을 따르는 1천 명의 무리를 이끌고 연나라 땅을 떠나 고조선으로 왔어.

"우리 무리를 받아 준다면, 고조선을 위해 일하겠습니다!"

고조선의 **준왕**은 흔쾌히 위만의 무리가 살 땅을 내주었어.

"나라 경계의 땅에 살게 해 줄 테니, *외적을 막아 주게."

위만은 쳐들어오는 적을 열심히 막으며 준왕을 위해 일했어. 하지만 차츰 자신을 따르는 무리가 많아지자, 슬슬 큰 욕심을 내기 시

작했어.

"준왕은 힘이 없어. 차라리 내가 왕이 되어 볼까?"

위만은 준왕에게 한나라가 쳐들어온다면서 수도인 **왕검성**에 들어가 옆을 지켜 주겠다고 거짓말을 했어. 준왕은 그 말만 믿고 성문을 열어 주었지.

"하하, 속았지롱? 이제 고조선은 내가 차지하겠다!"

위만은 군대를 이끌고 재빨리 성안으로 들어가 준왕을 쫓아내고 스스로 왕이 되었어. 준왕은 간신히 살아서 멀리 남쪽으로 도망쳤지.

고조선의 새로운 왕이 되었지만 위만은 '조선'이라는 나라의 이름을 바꾸지는 않았어. 이렇게 위만이 왕이 된 때부터 고조선이 멸망할 때까지를 **위만 조선**이라고 불러. 위만이 왕이 되기 전까지의 고조선은 **단군 조선**이라고 하지.

위만은 중국의 선진적인 철기 *문화를 적극적으로 받아들이고 발전시켜 고조선을 더욱 강한 나라로 만들었어.

 낱말 체크

★**외적** 다른 나라에서 쳐들어오는 적.

★**문화** 사람이 사회를 이루어 살면서 오랜 세월에 걸쳐 쌓아 온 풍부한 생활 바탕. 언어, 종교, 예술, 풍습, 과학, 기술 등.

 **위만은 어느 나라 사람일까?**

위만은 원래 중국 연나라의 신하였어. 그런데 고조선으로 도망쳐 올 때 고조선 사람처럼 머리에 상투를 하고 고조선 옷을 입고 있었다고 해. 그래서 위만이 원래 고조선 사람이었다고 보기도 해. 위만이 어느 나라 사람이었든 고조선의 왕이 된 뒤에는 스스로 고조선 사람이라고 생각했을 거야.

고조선의 법

고조선에는 '범금 8조'라는 여덟 가지 법이 있었어. 그중 전해지는 것은 세 가지야.

❶ 사람을 죽인 자는 사형에 처한다.
❷ 남에게 상처를 입힌 자는 곡식으로 갚게 한다.
❸ 도둑질한 자는 노비로 삼는다. 용서받으려면 돈 50만 전을 내야 한다.

꽤나 엄격하지? 이 내용으로 고조선인은 각자 재산이 있었고 곡식을 돈처럼 사용했으며 노비가 있었다는 사실을 알 수 있어.

 **쏙쏙 퀴즈** 맞으면 O, 틀리면 X

1 위만은 옛 연나라를 떠나 고조선으로 왔다. ☐

2 위만은 준왕을 몰아내고 고조선의 왕이 되었다. ☐

 선사~고조선 기원전 108년

09 고조선 대 한나라 최후의 전쟁

#중계 무역
#고조선-한나라 전쟁
#분열되면꼭망함

고조선은 계속해서 힘을 키웠어. 위만의 손자인 **우거왕** 때 고조선은 주변 나라들이 쉽게 덤비지 못하는 강한 나라가 되어 있었어.

그때 고조선의 서쪽에는 중국을 통일한 **한나라**가 있었어. 그리고 고조선의 주변에는 여러 작은 나라들이 있었지.

"한나라의 물건을 들여와 작은 나라들에 팔고, 작은 나라들의 물건을 한나라에 가져가 팔면 이익을 많이 남기겠군."

우거왕은 고조선의 위치를 이용해 나라들 사이에서 *중계 무역을 하면서 많은 이익을 얻었어. 작은 나라들로부터 존경도 받았지.

한나라의 황제인 **무제**는 고조선이 못마땅했어. 한 무제는 주변의 모든 나라들이 한나라를 우러르며 따르길 바랐거든. 고조선 때문에

고조선 주변의 작은 나라들이 한나라를 따르지 않는다고 생각한 거야.

화가 난 무제는 마침내 바닷길로 7천, 땅으로 5만의 군사를 보내 고조선을 공격했어.

"한나라의 대군이여, 가서 고조선을 혼쭐내 줘라!"

"흥, 이 정도로 고조선은 무너지지 않는다!"

고조선은 처음엔 한나라의 군대를 쉽게 물리쳤어. 하지만 한나라는 1년이 넘도록 군대를 계속 보내 마침내 고조선의 수도 왕검성(평양성)을 포위하고야 말았어.

오랜 전쟁에 지친 고조선 안에서도 차츰 의견 다툼이 생겨났어. 한나라에 항복하자는 사람들과 끝까지 싸우자는 사람들로 편이 나뉜 거야. 이를 눈치챈 한나라는 몰래 고조선의 관리들을 만나 한나라에 항복하면 높은 벼슬을 내리겠다고 꾀었어.

우거왕은 끝까지 버티며 싸우려고 했어. 하지만 한나라의 유혹에 넘어간 신하들은 우거왕을 죽이고 한나라로 도망치고 말았어.

"이대로 고조선의 땅을 넘길 수는 없다! 끝까지 싸우자!"

우거왕이 죽은 뒤에도 충성스러운 신하들은 끝까지 한나라와 맞서 싸웠어. 하지만 우거왕이 죽은 고조선은 한나라의 공격을 오래 버티지 못했지. 결국 고조선은 기원전 108년 **한나라에게 멸망**당하고 말았어.

낱말 체크

★**중계 무역** 다른 나라로부터 사들인 물자를 다시 다른 나라로 수출하여 이익을 남기는 무역.

고조선 땅에서 나온 중국 화폐

고조선은 중국 등 주변 나라들과 활발하게 무역을 했어. 이 사실은 옛 고조선 땅에서 나온 중국 화폐를 통해 알 수 있지. 아래는 '명도전'이라는 중국 화폐야. 칼 모양의 돈인데, '밝을 명(明)'자가 새겨져 있어서 명도전이라고 불려.

최후까지 저항한 성기

우거왕이 죽은 뒤에도 고조선의 대신 성기는 항복하지 않고 한나라군에 맞서 싸웠어. 그러자 우거왕의 아들이었던 왕자 장이 한나라에 항복하려는 무리를 이끌고 성기를 죽여 버렸지. 더 이상 저항할 인물이 사라지자 왕검성은 한나라군에게 함락되었고 고조선은 역사 속으로 사라지게 되었어.

쏙쏙 퀴즈 - 맞는 것 고르기

1 고조선은 주변 나라와의 (중계/하계) 무역으로 이익을 남겼다.

2 고조선은 한나라와의 전쟁에서 마침내 (승리/멸망)했다.

선사~고조선 기원전 1세기~기원후 3세기

10 여러 나라가 성장하다

#부여 #고구려 #옥저 #동예 #삼한 #모두우리조상들

고조선이 멸망한 뒤에도 만주와 한반도의 우리 옛 땅에서는 여러 나라가 성장하고 있었어. 먼저 만주에는 부여와 고구려가 있었지.

부여는 수도에서 사방으로 통하는 큰 길이 있었는데, 이를 사출도라고 불렀어. 부여는 왕뿐만 아니라 마가·우가·저가·구가 등 힘을 가진 세력들이 여러 지역을 각각 나누어 다스렸어.

부여에는 '순장'이라는 독특한 *풍습이 있었어. 순장이란 높은 사람이 죽으면 그를 따르던 시종들을 함께 묻는 것을 말해.

"너희는 죽어서도 주인님을 모셔야 한다!"

지금 생각하면 참 끔찍한 일이지?

부여의 남쪽에는 **고구려**가 있었어. 고구려는 산과 골짜기가 많은 나라여서 항상 먹을거리가 부족했어. 먹을거리를 구하기 위해 주변

나라를 자주 쳐들어가야 했지. 그래서 고구려에서는 말타기, 활쏘기와 같은 무예를 중요하게 생각했어.

고구려에는 '서옥제'라는 독특한 결혼 풍습이 있었어.

"내 딸과 결혼했으니, 자네는 우선 우리 집안일을 도와주게."

남녀가 결혼하면 신랑이 신부의 집에 머물며 신부 집의 일을 도와야 했지. 두 사람 사이에 아이가 태어나 클 때까지 말이야.

한반도 동북쪽 바닷가에는 **옥저**와 **동예**가 있었어. 힘이 약한 두 나라는 고구려에 *특산물을 바치는 신세였어. 옥저는 해산물과 소금을, 동예는 단궁·과하마·반어피를 바쳤지. 단궁은 박달나무로 만든 작은 활을, 과하마는 작은 말을 뜻해. 반어피는 바다표범의 가죽이지.

한편 한반도 중남부에는 수십 개의 작은 나라들이 힘을 합쳐 연맹체를 이루어 살고 있었어. 이러한 연맹체로는 서쪽에 **마한**, 동쪽의 **진한**, 남쪽에 **변한**이 있었지. 이들을 아울러 **삼한**이라고 해.

삼한에는 나라를 다스리는 정치 지배자와 제사를 지내는 제사장이 따로 있었어. 정치 지배자라 하더라도 제사장의 일에 간섭할 수 없었지. 특히 제사를 지내는 구역은 소도라고 해서 매우 *신성하게 생각했어. 죄인이 소도로 도망가도 함부로 잡으러 들어갈 수 없었지.

이처럼 제각기 다른 풍습을 지닌 나라들이었지만 공통점도 있었어. 바로 하늘에 농사를 잘 짓게 해달라고 기도드리는 ***제천 행사**를 지냈다는 점이야.

낱말 체크

★**풍습** 오래 전부터 지켜 내려오는 사회적 풍속이나 관습.

★**특산물** 어떤 지역에서 나는 특별한 물건.

★**신성하다** 떠받들어야 할 만큼 거룩하다.

★**제천** 하늘에 제사를 지냄.

동예의 풍습, 책화

동예에서는 마을마다 경계를 엄격히 구분했어. 그 구분이 얼마나 엄격했는지 마음대로 다른 마을의 땅에 들어갈 수도 없었대. 만약 누군가 다른 마을의 경계를 침범하면 대신 노비나 소, 말을 내주어 보상해야 했어. 이러한 동예의 풍습을 '책화'라고 해.

옥저의 결혼 풍습, 민며느리제

옥저에는 신부가 신랑의 집에서 사는 결혼 풍습이 있었어. 이것을 '민며느리제'라고 해. 결혼할 여자가 10살이 되면 남자 집으로 여자를 데려와 키웠어. 여자가 어른이 되면 일단 친정으로 돌려보냈다가 남자 집에서 돈을 내고 다시 데려와 신부로 삼았지.

이제 신랑 될 사람의 집에 가서 살자꾸나.

쏙쏙 퀴즈 — 맞으면 O, 틀리면 X

1 고구려의 독특한 결혼 풍습을 민며느리제라고 한다.

2 삼한에서 소도는 아무나 쉽게 들어갈 수 있는 곳이었다.

역사 탐험 보고서

최초의 나라가 세워지다

구석기·신석기 시대

구석기 시대 사람들은 돌을 깨뜨려 만든 도구를 사용했어. **주먹도끼**가 대표적이지. 사람들은 동굴이나 바위 그늘에 머물다 먹을거리가 떨어지면 다른 곳으로 **이동**하며 살았어. **신석기 시대** 에는 **농사**를 짓기 시작하면서 한곳에 **정착**하며 살게 되었어. 이때에는 돌을 갈아서 도구를 만들었고, 곡식을 보관, 조리하기 위해 **토기**를 만들어 사용했어.

청동기 시대의 생활

청동기 시대에는 청동이라는 금속으로 무기나 제사 도구 등을 만들었어. 이 시대에는 농사를 지어서 먹고 남는 것이 생기면서 재산을 많이 가진 사람과 못 가진 사람 사이에 **계급**이 생겨났지. 청동기 시대 마을의 지배자는 **군장**이었어. 군장은 많은 사람들을 시켜 거대한 **고인돌**을 만들 만큼 힘이 센 존재였어.

고조선의 건국과 성장

청동기 시대에 우리 역사 최초의 나라 고조선이 세워졌어. **단군왕검**이 고조선을 세운 이야기는 **단군 신화**를 통해 전하고 있어. 단군 조선은 중국의 힘센 나라와 교류하거나 싸우면서 성장했어. 이때 고조선의 문화 범위는 비파형 동검, 탁자식 고인돌 등을 통해 가늠할 수 있지. 위만 조선 때에는 중국의 **철기 문화**를 받아들여 더욱 강한 나라로 발돋움하고 있었어.

고조선의 멸망

고조선이 **한나라**와 다른 나라 사이에서 **중계 무역**을 통해 이익을 얻자 한나라는 불만을 갖게 됐어. 한나라는 마침내 대군을 이끌고 고조선에 쳐들어왔지. 고조선은 한나라에 맞서 오랫동안 싸웠지만 지배층의 내분으로 결국 **멸망**하고 말았어. 고조선이 사라진 뒤에도 만주와 한반도에는 **부여, 고구려, 삼한** 등 여러 나라가 성장했어.

용암 지대를 건너자!

이 다리를 건너면 약속한 간식을 주지! 실패하면 뜨거운 용암에 빠질 거야. 먼저 시대를 나타내는 연두색 발판을 밟고, 그다음엔 그 시대에 알맞은 주황색 발판을 밟아야 해. 이 과정을 반복해서 마지막엔 주황색 발판을 밟고 다리를 건너면 돼.

출발 ↓

구석기 시대	✹	구석기 시대	농경
🗡️	신석기 시대	🪨	신석기 시대
고조선	🏺	구석기 시대	🗿
흥수아이	청동기 시대	🗡️	고조선
고조선 건국	🪨	신석기 시대	단군왕검

도착 ↓

정답 176쪽

오, 역사 탐험을 제대로 했나 보군. 자, 약속한 간식이다!

도전! 한국사능력검정시험

좀 더 어려운 과제에 도전해 볼까?

49회 기출 01 밑줄 그은 '이 시대'의 생활 모습으로 옳은 것은?

1꼭지

이 유물은 돌을 깨뜨려 만든 것으로, 이 시대 사람들이 처음으로 제작하였습니다. 사냥을 하거나 동물의 가죽을 벗기는 용도 등으로 사용하였습니다.

주먹도끼

① 철제 농기구로 농사를 지었다.
② 토기를 만들어 식량을 저장하였다.
③ 주로 동굴이나 막집에서 거주하였다.
④ 거푸집을 사용하여 청동기를 제작하였다.

50회 기출 02 (가) 시대에 처음 제작된 유물로 옳은 것은?

2꼭지

선사 문화 축제
농경과 정착 생활이 시작된 (가) 시대로 떠나요!
움집 생활 체험하기
가락바퀴로 실 뽑기
갈돌과 갈판으로 곡식 갈기

①    ②

③    ④

51회 기출 03 (가) 시대의 생활 모습으로 옳은 것은?

이 영상은 (가) 시대의 대표적 무덤인 고인돌의 축조 과정을 나타낸 것입니다. 이처럼 축조에 많은 노동력이 동원되어야 한다는 점을 통해 당시에 권력을 가진 지배자가 있었음을 알 수 있습니다.

① 소를 이용해 농사를 지었다.
② 주로 동굴이나 막집에서 살았다.
③ 반달 돌칼을 사용하여 벼를 수확하였다.
④ 실을 뽑기 위해 가락바퀴를 처음 사용하였다.

49회 기출 04 다음 퀴즈의 정답으로 옳은 것은?

제시된 단계별 힌트를 종합하여 알 수 있는 국가는 어디일까요?

1단계 평양성을 도읍으로 삼았다.
2단계 범금 8조가 있었다.
3단계 한 무제의 공격으로 멸망했다.

① 동예   ② 부여   ③ 고구려   ④ 고조선

52회 기출 변형 05 학생들이 공통으로 이야기하고 있는 나라를 지도에서 옳게 찾은 것은?

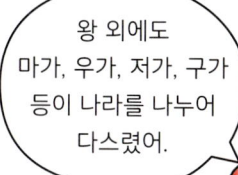

왕 외에도 마가, 우가, 저가, 구가 등이 나라를 나누어 다스렸어.

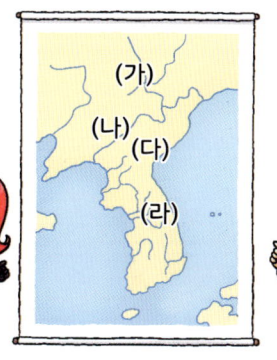

순장이라는 독특한 풍습이 있었어.

① (가)
② (나)
③ (다)
④ (라)

2 삼국 시대

기원전 57년
박혁거세, 신라를 세우다

기원전 37년
주몽, 고구려를 세우다

기원전 18년
온조, 백제를 세우다

42년
수로왕, 금관가야를 세우다

삼국이 서로 경쟁하다

고조선이 멸망한 후 한반도와 만주에 생겨난 여러 나라들은 차츰 힘이 강한 나라를 중심으로 합쳐졌어. 그중 가장 큰 나라로 성장한 것이 고구려, 백제, 신라야. 세 나라는 때로는 서로 협력하고 때로는 나라의 운명을 건 전쟁을 벌였어. 이 때를 삼국 시대라고 해. 삼국 시대에는 어떤 일들이 있었을까?

371년 근초고왕, 평양성을 공격하다

475년 장수왕, 한강 유역을 차지하다

553년 진흥왕, 한강 유역을 차지하다

 삼국 시대 **기원전 37년**

11 주몽, 고구려를 세우다

#알에서 태어남
#활을 잘 쏨 #졸본
#우리집안이좀특별함

　삼국 중 가장 먼저 성장했던 나라는 고구려야. 고구려에 관해서는 다음과 같은 건국 신화가 전해지고 있어.

　먼 옛날 하늘 임금의 아들인 해모수와 강의 신 하백의 딸 유화가 만나 사랑에 빠졌대. 하지만 해모수는 곧 유화를 떠나 버렸지. 유화는 **부여**의 왕을 만나 왕궁에서 살게 되었어. 그런데 어느 날 신비로운 햇빛이 유화를 따라다니는 거야. 햇빛을 피하려 해도 소용없었어. 그리고 얼마 뒤 놀랍게도 유화는 **알**을 하나 낳았어.

　부여왕은 사람이 알을 낳은 것이 *불길하다며 알을 갖다 버리도록 했어. 그런데 세상에, 동물들이 버려진 알을 보듬어 주는 게 아니겠어? 그러더니 이윽고 잘생긴 사내아이가 알 껍질을 깨고 나오는 거야. 아이는 어릴 때부터 활을 기가 막히게 잘 쐈어. 그래서 사

람들은 아이를 '활 잘 쏘는 사람'을 뜻하는 **주몽**이라고 불렀어.

부여의 왕자들은 재주가 뛰어난 주몽을 몹시 ★시샘했어. 주몽을 괴롭히려고 말을 키우는 힘든 일을 주몽에게 맡기기도 했지. 심지어 부여의 왕자들은 주몽을 죽일 마음까지 먹었어. 유화가 이 사실을 눈치채고 주몽에게 말했어.

"왕자들이 널 죽이려고 하는구나. 얼른 도망치거라!"

주몽은 미리 숨겨 두었던 날쌘 말을 타고 자신을 따르는 사람들과 함께 남쪽으로 도망쳤어. 그런데 한참을 달리다 보니 큰 강 하나가 앞을 가로막는 거야. 부여 왕자들과 병사들이 금방이라도 뒤에서 들이닥칠 것만 같았지. 주몽은 말에서 내려 강가에서 외쳤어.

"나는 하늘 임금의 아들이고, 강의 신 하백의 외손자다! 추격자들을 피하려 하는데, 어떻게 하면 좋겠는가?"

그러자 놀라운 일이 벌어졌어. 물고기와 자라 떼가 모여들어 다리가 되어 준 거야! 덕분에 주몽은 무사히 강을 건널 수 있었지. 주몽이 건너자마자 물고기와 자라가 흩어져 왕자들의 무리는 더 이상 주몽을 쫓을 수 없었어.

무사히 강을 건넌 주몽은 계속해서 남쪽으로 내려갔어. 점점 더 많은 사람들이 주몽을 따르기 시작했지. 주몽은 마침내 **졸본**이라는 곳에 도착했어. 그리고 그곳에서 자신을 따르는 사람들과 함께 마침내 고구려를 세웠어.

낱말 체크

★**불길하다** 나쁜 일이 생길 것 같은 느낌이 있다
★**시샘** 자기보다 나은 사람을 괜히 미워하고 싫어하는 것.

제가 회의

주몽이 고구려를 세운 뒤 한동안은 고구려도 부여처럼 왕이 여러 부족의 우두머리들과 힘을 합쳐 나라를 다스렸어. 왕과 부족의 대표들은 함께 모여 나라를 다스리기 위한 회의를 열었는데, 이것을 '제가 회의'라고 해.

오녀산성

중국 랴오닝성 환런현에 있는 산성이야. 주몽이 고구려를 세웠던 졸본을 이 부근으로 추측하고 있어. 오녀산성은 산 위에 높은 절벽으로 둘러쌓인 곳에 있어서 적의 공격을 방어하기에 좋았을 거야.

맞는 것 고르기

1 주몽은 (부여/동예)을/를 떠나 남쪽으로 향했다.

2 주몽이 고구려를 세운 곳은 (졸본/일본) 지역이다.

삼국 시대 1~3세기

12 고구려의 성장과 위기

#유리왕 #국내성
#태조왕 #동천왕
#고구려거의망하는줄

주몽의 뒤를 이은 **유리왕** 때의 일이야. 하루는 제사에 쓸 돼지가 달아나서 유리왕의 신하가 잡으러 갔지. 신하는 돼지를 쫓아 압록강가에 이르렀어. 그곳에는 터가 넓은 좋은 땅이 펼쳐져 있었지.

신하는 유리왕에게 자신이 본 대로 보고했어. 이야기를 들은 유리왕은 새로운 땅으로 도읍을 옮겼지. 이곳이 바로 **국내성**이야. 국내성은 땅이 평평하고 산으로 둘러싸여 있어 적을 막기에 유리했어. 국내성으로 도읍을 옮긴 뒤 고구려는 점점 더 강해졌어.

태조왕 때 고구려는 큰 나라로 성장하기 위한 기틀을 다졌어. 왕을 중심으로 하나로 뭉친 고구려는 바깥으로 눈을 돌려 영토를 넓혔지. 고구려는 먼저 힘이 약했던 옥저를 점령했어. 또 서쪽으로 넓

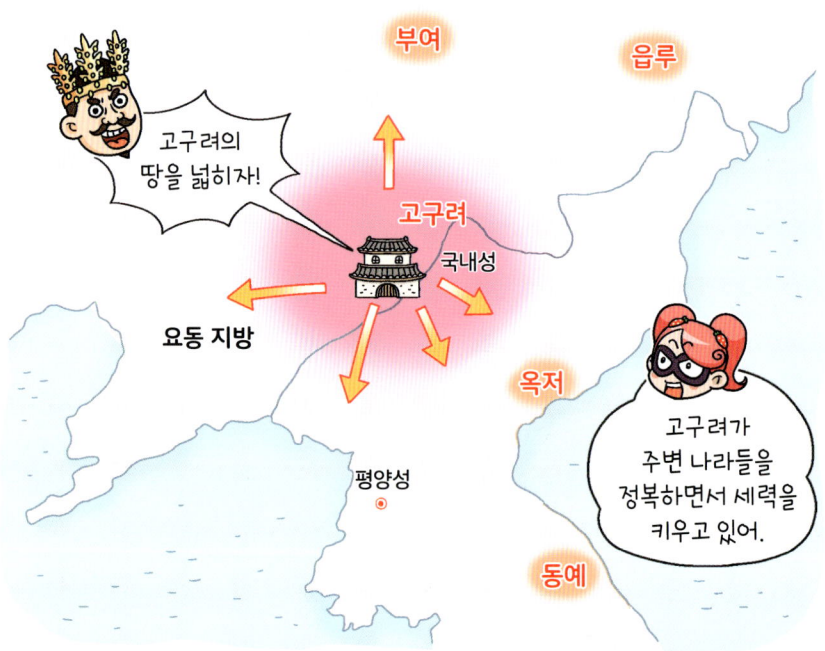

은 벌판이 펼쳐진 요동을 넘보기도 했어.

세월이 흘러 중국에선 한나라가 무너지고 위나라가 등장했어. 위나라는 고구려의 강한 군사력을 이용하고 싶었어.

"우리가 주변 나라를 치는 것을 도와주시오. 그럼 고구려에 많은 재물을 주겠소."

당시 고구려의 왕이었던 **동천왕**은 흔쾌히 나서서 위나라를 도왔지만, 위나라는 언제 약속을 했냐는 듯 입을 싹 씻었어. 화가 난 동천왕은 위나라를 공격했어. 하지만 위나라는 이 공격을 물리친 다음 만반의 준비를 갖추고 오히려 고구려로 쳐들어왔어. 고구려의 수도는 적군의 손에 불탔고, 동천왕은 멀리 남옥저까지 황급히 도망가야 했지.

"위나라를 속여 일단 이 위기에서 벗어나야겠어."

고구려 장수였던 유유는 위나라 군대에 거짓으로 항복한 다음 기회를 보아 위나라의 장수를 죽여 버렸어. 장수를 잃은 위나라군이 혼란에 빠지자, 고구려군은 위나라군을 공격해 물리칠 수 있었지.

동천왕은 간신히 위나라를 물리쳤지만, 고구려는 이미 큰 *타격을 입었어. 그러자 주변의 나라들이 고구려를 *호시탐탐 넘보기 시작했지. 이때부터 고구려는 살아남기 위해 열심히 노력해야만 했어.

낱말 체크

★**타격** 어떤 일로 크게 기가 꺾이거나 손해를 보는 것.

★**호시탐탐** 주로 나쁜 짓을 하려고 정신을 바짝 차리고 기회를 엿보는 것.

고구려 복지 제도 진대법

고구려는 고국천왕 때인 194년에 진대법을 실시했어. 진대법은 나라에 흉년이 들어 먹을 것이 부족할 때 백성에게 곡식을 빌려주는 제도야. 굶주림에 시달리는 백성에게 봄부터 가을까지 곡식을 빌려주었다가, 수확을 한 이후 겨울에 갚게 한 거지. 이런 복지 제도는 이후 고려와 조선에도 이어졌어.

국내성의 성벽

고구려의 두 번째 수도였던 국내성은 지금의 중국 지린성 지안현에 있었어. 이곳에는 아직도 국내성 성벽이 남아 있어. 국내성은 평지에 쌓은 성으로 평화로운 시기에 고구려 왕과 귀족들이 나라를 다스리며 생활하는 곳이었어. 그러다가 전쟁이 일어나면 근처의 환도산성으로 옮겨 가 적과의 싸움에 대비했지.

쏙쏙 퀴즈 - 맞으면 O, 틀리면 X

1. 고구려는 유리왕 때 도읍을 국내성으로 옮겼다. ☐

2. 고구려의 동천왕은 위나라를 공격하여 수도를 불태웠다. ☐

 삼국 시대 4세기 말~5세기 초

13 광개토 대왕, 거대한 고구려를 만들다

#소수림왕 #불교 #율령
#광개토 대왕 #요동
#고구려가세상의중심

고구려는 **소수림왕** 때 나라를 다스리는 데 필요한 법과 절차를 만들었어. 이걸 **율령**이라고 해. 이어서 **불교**를 받아들여 백성의 마음을 하나로 뭉치게 했지.

소수림왕은 **태학**이라는 교육 기관도 *설립했어. 지금으로 치면 국립대학이야. 나라에서 대학을 세우고 학생을 가르쳐, 왕을 돕는 인재로 키웠던 거야. 이러한 소수림왕의 노력은 훗날 그의 손자인 **광개토 대왕** 때에 이르러 빛을 보게 돼.

젊은 나이에 왕이 된 광개토 대왕은 당시 고구려를 위협하던 남쪽의 백제와 북쪽의 거란을 공격해 고구려의 땅을 넓혔어. 그러자 백제는 힘센 고구려를 바로 상대하기보다 먼저 약한 신라를 공격해

44

서 힘을 키우려고 했어. 그래서 이웃한 가야 및 왜(지금의 일본)와 함께 신라를 공격했지. 갑자기 날벼락을 맞게 된 신라는 다급히 고구려에 *사신을 보냈어.

"고구려의 신하가 되겠으니, 신라를 도와주십시오!"

신라의 구원 요청에 광개토 대왕은 군사를 이끌고 가서 세 나라의 연합군을 무찔렀어. 고구려 군대가 얼마나 센지, 여러 나라가 힘을 합쳐도 고구려에게는 상대가 안 되었지.

한편 고구려 서쪽 요동 지역에는 후연이라는 나라가 있었어. 후연 역시 고구려를 항상 괴롭혀 왔지. 남쪽을 안정시킨 광개토 대왕은 이번엔 후연을 공격했어. 고구려의 공격에 위태위태하던 후연에서는 불만을 품은 신하들이 반란을 일으키고 고구려 편에 붙었어.

"후연의 왕을 죽이고 북연을 세웠습니다. 북연은 고구려의 신하가 될 테니 공격을 제발 멈춰 주세요."

마지막은 고구려의 동쪽이었어. 동쪽에는 동부여가 있었는데 원래 고구려를 섬기던 나라였어. 그런데 동부여가 고구려의 말을 듣지 않고 반항하자, 광개토 대왕은 군대를 이끌고 가서 혼쭐을 내 주었어.

광개토 대왕은 마침내 고구려를 중심으로 동서남북에 있는 나라들을 모두 무릎 꿇리고 거대한 영토를 차지하게 된 거야. 그리고 고구려가 세상의 중심이라고 당당하게 *선포했어.

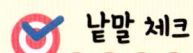

낱말 체크

★설립 단체나 기관 등을 새로 세우는 것.

★사신 임금이나 나라의 명령을 받고 다른 나라에 파견되는 신하.

★선포 세상에 널리 알림.

광개토 대왕, 연호를 쓰다

올해는 '서기 2020년'이지? 그런데 옛날에는 중국의 황제가 바뀔 때마다 새로운 연도를 썼어. 이걸 '연호'라고 해. 광개토 대왕은 '영락'이라는 연호를 썼어. 영락 1년이 서기 391년이야. 광개토 대왕은 자신을 중국 황제와 비슷한 위치라고 생각했을 만큼 자부심이 컸던 거야.

고구려 개마 무사

고구려에는 강력한 개마 무사 부대가 있었어. 개마 무사는 사람뿐 아니라 말까지 단단한 철갑으로 무장한 기병이야. 개마 무사는 말을 타고 5m가 넘는 거대한 창을 들고 적진으로 돌진했어. 적에게는 엄청난 위협이었을 거야.

쏙쏙 퀴즈 맞는 것 고르기

1 소수림왕은 율령을 만들고 (불교/도교)를 받아들였다.

2 광개토 대왕은 군대를 이끌고 위기에 처한 (백제/신라)를 도왔다.

삼국 시대 475년

14 장수왕, 한강 유역을 차지하다

#장수왕 #평양 천도
#한강 유역 차지
#98세까지장수함:)

광개토 대왕의 뒤를 이어 그의 아들 **장수왕**이 왕이 되었어. 앞서 광개토 대왕에게 크게 당했던 백제는 언제든 고구려에 복수할 기회를 엿보고 있었지. 게다가 신라는 고구려의 신하 신세에서 벗어나려고 슬금슬금 힘을 키우고 있었고 말이야. 때문에 장수왕은 고구려의 남쪽을 확실히 안정시키고 싶었어.

"그래, 남쪽의 **평양**으로 수도를 옮기자."

평양은 황해와 가까워서 바다 건너 중국으로 가기도 편하고, 남쪽의 백제나 신라 쪽으로 발 빠르게 군대를 움직이기에도 좋았어.

그러자 다급해진 건 백제였어. 백제의 **개로왕**은 몰래 중국 북위에 사신을 보내 함께 고구려를 치자고 제안했어. 하지만 북위는 백

46

제의 제안을 거절했지. 소식을 들은 장수왕은 크게 분노했어.

"감히 고구려 땅을 넘보다니! 더 이상 봐주지 않겠다!"

장수왕은 바로 군대를 보내지는 않았어. 먼저 백제의 상황을 파악하려고 했지. 그래서 백제에 도림 스님을 첩자로 보냈어. 도림은 개로왕이 바둑을 좋아한다는 사실을 알고 개로왕에게 접근했어. 함께 바둑을 두며 개로왕과 친해진 도림은 백제 이곳저곳을 마음껏 다니며 정보를 수집했어. 그리고 장수왕에게 모조리 알려 줬지.

준비를 마친 장수왕은 마침내 백제를 공격했어. 속은 것을 알아차린 개로왕은 달아나려 했지만 결국 고구려군에 붙잡혀서 죽고 말았어. 백제의 수도가 있던 **한강 ★유역**은 이제 고구려의 차지가 되었지. 개로왕의 아들 문주는 웅진(충남 공주)으로 도망쳤어. 장수왕은 다음으로 신라를 공격해서 지금의 충주 지역도 빼앗았어. 고구려의 힘이 두려워진 백제와 신라는 서로 힘을 합치기로 했지.

"이대로는 둘 다 위험합니다! 백제와 신라가 동맹을 맺읍시다!"

마침 고구려의 북쪽에서는 북위와 유연이 힘을 키우고 있었어. 아무리 고구려라도 사방의 적을 동시에 상대하긴 어려웠지. 장수왕은 이제 전쟁을 피할 때라고 생각했어. 그래서 중국의 여러 나라와 ★친밀하게 지냈지. 여러 나라의 세력이 균형을 이루도록 한 거야. 이처럼 장수왕은 전쟁만이 아니라 ★외교에 있어서도 뛰어난 왕이었어.

낱말 체크

★**유역** 강물이 흐르는 곳의 주변 지역.

★**친밀** 사이가 매우 친하고 가까움.

★**외교** 다른 나라와 정식으로 정치적, 경제적, 문화적 관계를 맺는 일.

고구려의 아차산 보루

고구려가 한강 유역을 방어하기 위해 지금의 서울 아차산에 지은 성곽이야. 이곳에서 여러 가지 무기와 군사 시설이 발굴되었어.

? 태왕릉과 장군총

고구려 국내성 지역에 있는 거대한 무덤들이야. 모두 왕의 무덤으로 생각되는데 어떤 왕의 무덤인지는 아직 밝혀지지 않았어.

태왕릉

장군총

쏙쏙 퀴즈 — 맞으면 O, 틀리면 X

1 장수왕은 남쪽으로 진출하기 위해 평양으로 도읍을 옮겼다.

2 장수왕은 전쟁에는 강했지만 외교에는 약했다.

 삼국 시대 5세기

15 고구려 비석이 말해 주는 것

#광개토 대왕릉비
#충주 고구려비
#고구려전성기*^^*

고구려에서는 뛰어난 왕들의 업적을 널리 알리기 위해 비석을 세웠어. 대표적으로 장수왕이 *건립한 비석들이 있지. 장수왕은 먼저 아버지 광개토 대왕의 무덤 근처에 큰 비석을 세우고 아버지의 업적을 새겼어. 이 비가 바로 **광개토 대왕릉비**야.

광개토 대왕릉비에서는 먼저 고구려의 건국 신화를 소개하고 있어. 여기서 광개토 대왕이 하늘 임금의 *후손이라고 밝히고 있지. 그 뒤에는 광개토 대왕이 차지한 땅에 대해 길게 이야기하고 있어.

"왕께서는 북쪽의 거란, 남쪽의 백제, 가야, 왜, 서쪽의 후연, 동쪽의 동부여를 모두 굴복시켜 고구려의 발아래에 두었다!"

사실 '광개토'라는 이름 자체가 '넓은 땅을 차지했다'는 뜻을 담고 있어. 장수왕은 한마디로 '우리 아버지 최고!'라는 내용을 비석에 새

겨 많은 사람에게 보여 주려고 했던 거야.

충청북도 충주에 있는 **충주 고구려비**도 장수왕이 세웠어. 이 비석은 한반도에서 발견된 유일한 고구려 비석이라서 그 가치가 매우 높아. 비석에는 고구려 왕이 신라 땅에 고구려군을 머물게 하고, 신라인들에게 재물이나 지위를 내려 주었다는 내용이 있어. 고구려가 신라를 신하의 나라로 여겼을 만큼 고구려의 힘이 막강했음을 알 수 있지.

고구려와 신라의 관계를 알 수 있는 물건이 한 가지 더 있어. 바로 **호우명 그릇**이야. 호우명 그릇은 고구려에서 만들어진 청동 그릇인데, 신라의 수도인 경주에서 발견되었어. 이 그릇에는 '광개토 대왕'의 이름이 새겨져 있어. 아마도 광개토 대왕을 받드는 제사에 쓰려고 만든 것 같아. 이런 그릇이 신라에서 발견되었으니 그만큼 고구려가 신라의 일에 깊숙이 ★관여하고 있었다는 걸 알 수 있는 거야.

여기서 잠깐! 지금까지 이야기한 고구려 비석과 그릇의 공통점이 뭔지 아니? 바로 **전성기**를 맞이한 고구려의 위대함을 기록했다는 사실이야. 광개토 대왕과 장수왕 때 큰 나라가 되어 대륙을 호령했던 고구려의 자신감이 느껴지지?

낱말 체크

★**건립** 건물·시설·기관 등을 새로 만드는 것.

★**후손** 여러 세대가 지난 뒤의 자손.

★**관여** 어떤 일에 관계하여 참여함.

호우명 그릇

경주에서 발견된 청동 그릇이야. '호우'란 둥근 그릇을 뜻해. 그릇 바닥에 광개토 대왕릉비에 새긴 것과 똑같은 글씨체로 광개토 대왕의 이름이 새겨져 있어.

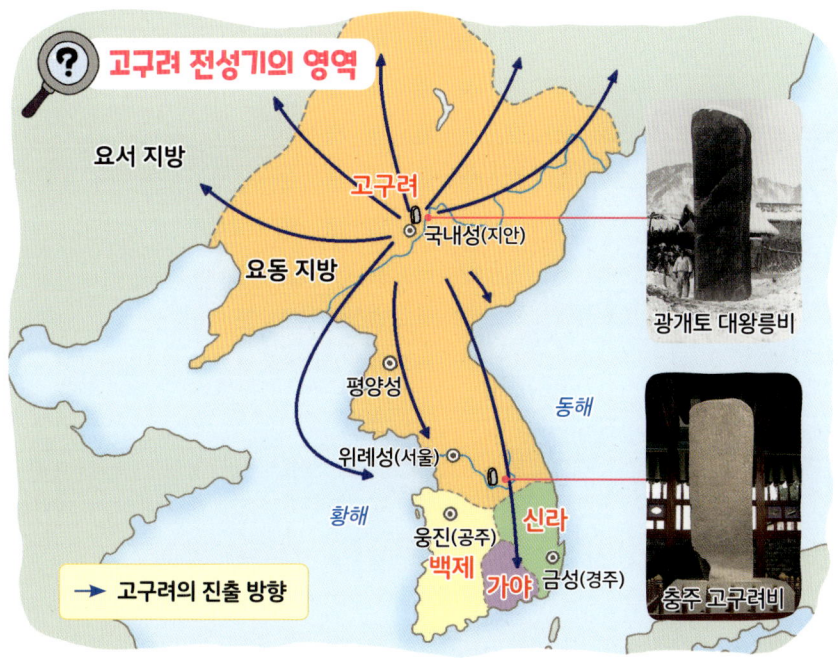

고구려 전성기의 영역

쏙쏙 퀴즈 - 맞는 것 고르기

1. 광개토 대왕릉비는 (**장수왕** / 소수림왕)이 세웠다.

2. 호우명 그릇을 통해 고구려와 (**신라** / 가야)의 관계를 알 수 있다.

 삼국 시대

16 고분 벽화, 벽에 그린 고구려인의 삶

#고분 벽화
#일상생활 #불교 #도교
#신분낮다고작게그림ㄱ

고구려는 무덤 안 벽에 그림을 그려 놓는 경우가 굉장히 많았어. 이런 그림을 '고분 벽화'라고 하는데, 지금까지 우리나라와 중국에서 발견된 **고구려 고분 벽화**만 해도 120여 개나 돼.

고구려의 고분 벽화는 그림의 주제가 다양하고 긴 세월 동안 꾸준히 그려졌기 때문에, 고구려 사람들의 생활 모습에 대해 알려 주는 게 많아. 벽화에는 사냥 장면이나, 사내들이 씨름하는 광경, 여인들이 가지런히 춤을 추는 모습 등이 그려져 있어. 또 농사를 짓거나 *베를 짜는 모습이 담겨 있기도 하지. 어떤 무덤에서는 무덤 주인의 초상화를 멋들어지게 그리기도 했어. 이런 벽화를 통해 고구려 사람들이 어떻게 생활했는지, 또 어떤 놀이를 즐겨했는지 알 수

있어. 그림 속에 보이는 고구려 사람들의 옷을 통해 당시에 어떤 스타일의 옷을 입었는지도 짐작할 수 있지.

이때 재미있는 점이 하나 있어. 바로 벽화에 사람들을 그릴 때 신분이 높은 사람은 크게 그리고, 신분이 낮은 사람은 작게 그렸다는 점이야. 그림에서도 한눈에 사람의 신분을 알아볼 수 있을 만큼 고구려가 **신분의 구별**이 뚜렷한 사회였음을 알 수 있어.

고구려 고분 벽화에는 또 다른 특징이 있어. 바로 시대에 따라 **벽화의 주제**가 다르다는 점이야. 처음에는 사냥하는 모습이나 무덤 주인의 모습 등 사람들의 일상생활을 주로 그렸어. 나중에 고구려에 불교가 들어와 퍼진 뒤에는 부처님께 기도하는 모습이나 연꽃 등 불교와 관련된 그림을 많이 그렸지.

좀 더 뒤에는 고구려에 *도교가 유행하게 되는데 이 도교가 고분 벽화에도 영향을 주게 돼. 도교에서 동서남북을 지키는 네 신인 청룡, 백호, 주작, 현무를 사신이라고 하거든. 고구려 후기의 고분 벽화에는 이 사신을 그린 사신도가 많이 발견되었어.

이처럼 벽화를 통해 고구려 사람들이 시대별로 어디에 관심을 두고 있었는지를 짐작할 수 있어. 그리고 당시 **고구려인의 삶과 생각**을 더 생생하게 느낄 수 있어.

낱말 체크

★**베** 삼실로 짠 천.

★**도교** 중국의 노자와 장자의 가르침을 따르는 종교. 신선의 삶이나 늙지 않고 오래 사는 것을 추구했음.

고분 벽화 그리는 법

고분 벽화를 그릴 때에는 우선 무덤 벽에 물로 반죽한 흰 석회를 발라. 그리고 석회가 마르기 전에 그 위에 물감을 칠하지. 그러면 석회 반죽의 물이 마르면서 석회가 물감을 머금고 단단해져. 이렇게 만들어진 벽화는 그 선명함이 지금까지도 유지되고 있어.

벽화로 보는 고구려인의 생활

부엌과 고기 창고
부유한 귀족 집안의 부엌과 고기 창고가 그려져 있어. 안악 3호분 벽화야.

고구려의 손님 맞이
그림 가운데의 시종이 주인과 손님을 시중들고 있어. 무용총 벽화야.

맞으면 O, 틀리면 X

1 고구려 고분 벽화에는 다양한 주제의 그림이 있다.

2 신분이 낮은 사람일수록 벽화에 크게 그렸다.

삼국 시대 기원전 18년

17 온조, 백제를 세우다

#온조 #비류
#위례에 도읍
#비류형바닷가에놀러갈게

백제의 건국 신화는 재미있게도 주몽이 고구려를 세웠을 때부터 시작해. 주몽이 처음 부여를 떠나 졸본 지역에 도착했을 때, 그 지역에는 원래 그곳을 다스리던 졸본 부여의 왕이 있었어. 주몽은 졸본 부여 왕의 딸 소서노와 결혼을 해 아들 **비류**와 **온조**를 낳았지. 그런데 세월이 지나 부여에서 한 사내가 주몽을 찾아왔어.

"이 칼 조각을 알아보시겠어요? 전 당신의 아들 유리예요."

원래 주몽에게는 부여에 남겨 둔 아내가 있었어. 주몽이 부여의 왕자들을 피해 도망쳤을 때, 남은 아내는 홀로 아들을 키웠지. 그 아들이 바로 유리인데, 커서 주몽이 남겨둔 *징표를 가지고 아버지를 찾아왔던 거야. 주몽의 맏아들이 나타나자, 비류와 온조는 고구려에 더 이상 설 자리가 없음을 깨달았어.

"아버지는 유리를 다음 왕으로 생각하고 있어. 우리는 차라리 새로운 땅을 찾아 우리들의 나라를 세우자."

비류와 온조는 자신을 따르는 신하들과 고구려를 떠나 남쪽으로 향했어. 형제는 어느덧 한강 유역에 이르렀지. 주변을 둘러보니 물이 *풍부하고 농사를 짓기에도 괜찮아 보였어. 게다가 주변이 산으로 둘러싸여 있어 적으로부터 무리를 지키기에도 좋았지. 동생 온조는 이 곳이 마음에 들었어.

하지만 형 비류는 온조와 달리 바닷가에 새 나라의 도읍을 세우고 싶어 했어. 결국 온조는 형과 헤어져 한강 근처인 **위례**(서울)에 터를 잡고 나라 이름을 십제라고 했어. 형인 비류는 미추홀(인천)로 가서 자리를 잡았지.

하지만 바닷가에 위치한 미추홀은 땅에 소금기가 많아서 농사를 짓고 살기에 적당한 곳이 아니었어. 결국 비류는 자신의 선택을 후회하다 죽고 말았지. 온조는 비류를 따르던 사람들을 따뜻하게 맞아 주었어.

"이제 나라가 커졌으니 이름을 십제에서 백제로 바꾸겠노라."

장차 삼국 중 하나로 성장하는 백제는 이렇게 세워졌던 거야.

낱말 체크

★**징표** 어떤 뜻을 나타내는 표시나 물건.

★**풍부하다** 넉넉하고 많다.

청동 자루솥

서울 풍납동 토성에서 발견된 청동 자루솥이야. 중국 남조에서 만들었지. 백제 초기 토성에서 발견된 것으로 보아 이른 시기부터 백제가 중국과 교류했던 사실을 알 수 있어.

백제 초기의 성

서울 풍납동 토성
흙을 쌓아 만든 백제의 토성이야. 백제의 첫 도읍지였던 위례성이 있던 곳으로 생각돼. 서울 송파구에 있어.

서울 몽촌 토성
풍납동 토성에서 가까운 곳에 있는 백제 초기의 토성이야. 전쟁을 대비해 만든 성으로 생각돼.

맞는 것 고르기

1 (유리/효리)가 고구려에 오자 비류와 온조는 남쪽으로 떠났다.

2 온조는 신하들과 함께 (서울/인천) 땅에 백제를 세웠다.

 삼국 시대

18 고구려와 닮은꼴 백제의 돌무지무덤

#돌무지무덤
#고구려·백제는 같은 뿌리
#근데그건옛날얘기지금은적

현재 서울 송파구 올림픽 공원 근처는 백제 초기의 *도성이 있던 곳이야. 그래서 백제 시대의 유적과 유물이 많이 발견되었어. 그런데 백제 초기의 유적을 살펴보면 고구려 초기의 유적과 비슷한 점들을 찾을 수 있어.

우선 고구려와 백제는 성을 쌓는 방식이 비슷해. 백제는 풍납토성과 몽촌토성을 가까운 곳에 함께 쌓았어. 고구려도 백제처럼 성 두 개를 쌍으로 세우곤 했어. 하나의 성은 평지에, 다른 하나의 성은 근처의 산에 쌓는 거야. 평소에는 평지성에서 지내다가 적이 쳐들어오면 방어에 유리한 산성에 들어가 싸우기 위해서였어.

성 근처에 만든 무덤의 모습도 비슷했어. 백제의 도성이었던 곳

주변에는 큰 무덤들이 함께 모여 있어. 그중에서도 돌을 쌓아 거대한 피라미드처럼 만든 무덤들이 있는데, 이러한 무덤을 **돌무지무덤**이라고 해. 보통 왕이나 귀족의 무덤이지. 서울 석촌동 돌무지무덤군 중에는 한 변의 길이가 40m가 넘는 거대한 무덤도 있어.

고구려에서도 이처럼 거대한 돌무지무덤을 한곳에 여럿 만들었어. 그 중에는 한 변의 길이가 30m가 넘고, 7층으로 되어 높이가 10m를 훌쩍 넘는 것도 있어. 이처럼 백제와 고구려는 성뿐만 아니라 무덤에서도 비슷한 점을 찾을 수 있어.

옛날 중국의 기록을 보면, 두 나라는 그밖에도 옷차림이나 생활 풍습에서 비슷한 점이 있었다고 해. 또 옛날 일본의 어느 책에는 백제 왕이 "백제와 고구려는 같은 ★씨족이다."라고 말했다는 기록도 있어.

백제의 건국 신화 기억나지? 고구려에서 나온 온조가 백제를 세웠다는 이야기 말이야. 이 이야기에서도 온조가 원래 고구려 사람이었다는 것을 알려 주고 있지.

여러 유적이나 기록으로 미루어 보면 고구려와 백제를 세운 사람들이 **같은 뿌리**에서 나왔다는 것을 알 수 있어. 나중에는 두 나라가 원수처럼 서로 치고받고 싸우게 되지만, 사실 백제와 고구려는 같은 조상을 둔 나라였던 거야.

낱말 체크

★**도성** 도읍 둘레에 쌓은 성. 한 나라의 수도를 뜻함.

★**씨족** 같은 조상에서 나온 한 공동체.

백제와 고구려의 돌무지무덤

두 나라의 초기 무덤은 모두 돌무지무덤 형태로 그 생김새가 굉장히 비슷해.

백제의 돌무지무덤
(서울 석촌동 고분군)

고구려의 돌무지무덤
(중국 지린성 산성하 고구려 고분군)

쏙쏙 퀴즈 맞으면 O, 틀리면 X

1. 백제의 돌무지무덤이 고구려의 돌무지무덤에 영향을 주었다. ☐

2. 백제를 세운 사람들과 고구려를 세운 사람들은 같은 뿌리에서 나왔다. ☐

 삼국 시대 **371년**

19 근초고왕, 평양성을 공격하다

#근초고왕 #마한 복속
#평양성 전투 #동진과 교류
#4세기는백제전성기!

백제는 삼국 중 가장 먼저 *전성기를 맞이했어. 백제의 전성기를 연 왕이 바로 **근초고왕**이야.

온조가 처음 백제를 세웠을 때만 해도 백제는 한강 근처의 작은 나라에 불과했어. 하지만 백제는 긴 시간 동안 차근차근 발전해 나갔어. 나라의 정치 제도를 만들고 군사를 기르며 힘을 모았지. 이렇게 안정된 힘을 바탕으로 근초고왕은 백제의 영토를 크게 넓혔어.

"나라의 땅을 넓혀 크고 강한 나라를 만들 것이다!"

백제 주변에는 원래 **마한**에 속한 여러 나라가 있었어. 근초고왕은 이 나라들을 공격하여 백제의 땅으로 삼았어.

근초고왕은 외국과 교류하는 것에도 관심이 많았어. 다른 나라로

부터 새로운 ★문물을 받아들여 나라를 발전시키고 싶었던 거야. 특히 ★선진 문물이 많은 곳은 중국이었어. 그런데 당시에 백제에서 중국으로 가려면 고구려 영토를 지나 바닷길로 이동해야 했지.

"중국으로 가기 위해선 고구려를 무찌르고 북쪽의 땅을 차지해야 해."

마침내 근초고왕은 3만 명의 군사를 이끌고 고구려로 향했어. 고구려의 고국원왕 역시 백제를 막기 위해 내려왔지. 두 나라의 군대는 평양 지역에서 맞붙었어. 양쪽은 모두 죽을힘을 다해 싸웠지. 엎치락뒤치락하며 싸우던 중 어디선가 화살이 날아와 고구려 고국원왕의 가슴에 꽂혔어! 고국원왕은 비명을 지르며 말에서 떨어져 죽고 말았어. 백제군은 승리의 기쁨에 겨워 큰 함성을 질렀지.

백제는 **평양성 전투**에서 승리를 거두었지만 성을 차지하지는 못했어. 고구려의 저항이 만만치 않았기 때문이야. 하지만 백제는 이 전투로 북쪽으로 땅을 넓혀 중국으로 가는 길목을 차지할 수 있었지.

바닷길이 열리자 근초고왕은 중국에 사신을 보내 **동진과 교류**했어. 동진은 백제 사신에게 귀한 물품을 주며 환영했지. 중국과 교류하며 선진 문물을 받아들인 백제는 이를 바탕으로 더욱 발전해 나갔어.

낱말 체크

★전성기 가장 번성한 시기.
★문물 종교·예술·학문·정치·경제·기술 등 사람이 만들어 낸 모든 문화적 산물.
★선진 발전 단계가 다른 것보다 앞서는 일.

백제가 중국에도 진출했다고?

몇몇 중국 역사책에는 백제가 중국 요서 지방의 어떤 지역을 다스렸다고 쓰여 있어. 그런데 우리의 옛 역사책에는 이런 내용이 나와 있지 않아. 그래서 정말로 백제가 중국 요서 지방의 땅을 다스렸는지, 다스렸다면 언제 어떻게 진출했는지는 정확히 알 수 없어.

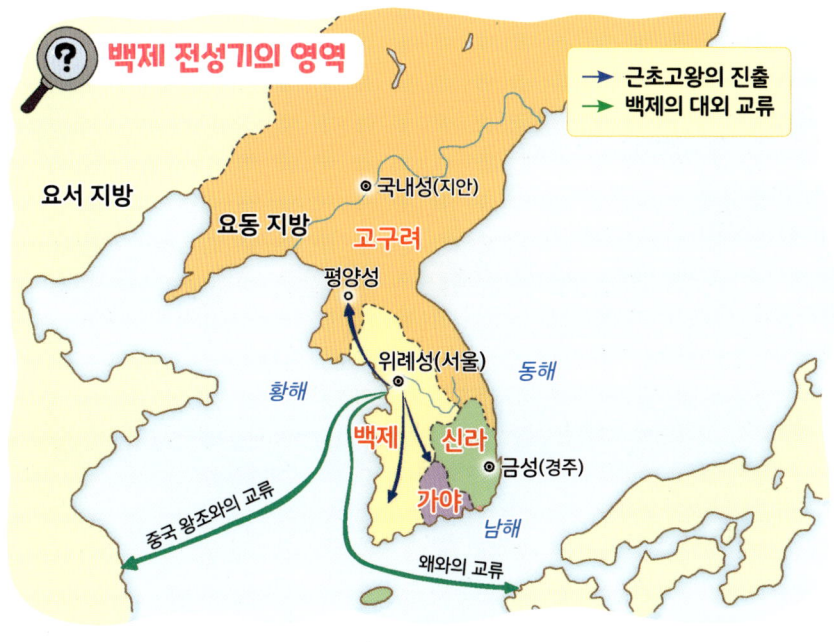

쏙쏙 퀴즈 맞는 것 고르기

1. 근초고왕의 군대는 (고구려/마한)의 고국원왕을 쓰러뜨렸다.

2. 근초고왕은 중국 동진과 (교류/전쟁)하며 문물을 받아들였다.

20 칠지도, 백제가 왜에 전한 보물

#칠지도
#백제가 일본에 선물
#우리는절대싸우지않기

칠지도는 참 특이한 모양의 칼이야. 칠지도의 '칠지(七枝)'란 '7개의 나뭇가지'라는 뜻이야. 긴 칼날 1개에 6개의 작은 칼날이 마치 나뭇가지처럼 엇갈려 붙어 있는 모양이어서 이런 이름이 붙었어. 칠지도는 일본에서 처음 발견된 뒤 일본의 국보로 지정되었을 만큼 일본에서도 귀한 보물이야. 그런데 이 칠지도는 사실 우리나라와 깊은 관련이 있어.

칠지도는 **근초고왕** 때 백제에서 만들어서 **왜(일본)에 선물**한 칼이야. 칼에는 칼 이름뿐만 아니라 칼을 만든 날짜와 만든 사람, 보내는 사람과 받는 사람의 이름이 새겨져 있어. 칠지도를 보내는 사람의 이름에는 '백제 왕'이라고 새겨져 있지. 사실 칠지도에 쓰여 있는 글씨는 많이 *훼손되어 잘 보이지 않는 부분이 많아. 그래도 보

이는 글자를 모아 읽어 보면 그 내용을 상상해 볼 수 있어.

"백 번이나 단련한 강철로 칠지도를 만들었다. 이 칼은 온갖 적병을 물리칠 수 있으니 주변 나라에 전할 만하다. … 지금까지 이런 칼은 없었는데, 백제가 왜왕을 위해 만들었으니 후세에 전하여 보이라."

이처럼 칠지도를 통해 백제와 왜의 관계가 긴밀했다는 것을 알 수 있어. 아마도 백제가 나라의 땅을 크게 넓혀 ★명성을 얻던 시절, 바다 건너 왜에서 선물을 가져왔을 거야. 그리고 그 ★답례로 백제도 칠지도를 만들어 왜에 선물했을 거야.

바다를 사이에 두고 떨어져 있던 두 나라는 어떻게 친구가 되었을까? 옛날에는 배로 항해하는 기술이 지금보다 떨어졌어. 그래서 신라나 왜처럼 중국과 멀리 떨어진 나라에서는 한 번에 바다를 건너 중국에 가지 못했지. 대신 백제 땅을 꼭 들러서 바다를 건너야만 했던 거야. 그러니 왜가 중국의 선진 문물을 받아들이려면 백제와 친하게 지내는 것이 필요했지. 백제의 입장에서도 왜가 필요했어. 나라의 영토를 넓히는 데 관심이 많았던 근초고왕은 왜의 병사들을 빌려 전쟁에 활용하고 싶었거든. 그렇게 백제와 왜는 서로 친해질 이유가 충분했던 거야.

칠지도로 맺은 백제와 왜의 약속은 백제가 멸망할 때까지 깨지지 않고 쭉 이어져. 칠지도는 **백제와 왜의 친밀한 관계**를 보여 주는 중요한 유물이야.

낱말 체크

★**훼손** 헐거나 함부로 다루어 못 쓰게 하는 것.

★**명성** 세상에 이름이 널리 알려져 칭찬을 받는 것.

★**답례** 남의 인사나 선물에 답하여 하는 인사나 선물.

백제의 뛰어난 금속 공예 기술

칠지도는 철을 여러 번 두드려 모양을 만든 후 양쪽 표면에 금으로 61자의 글자를 새겨 넣어 완성한 칼이야. 이렇게 금속이나 그릇 표면에 글자나 그림을 정교하게 새기는 것을 상감 기법이라고 해. 이를 통해 백제가 당시 최고 수준의 금속 공예 기술을 가지고 있었음을 알 수 있어.

❓ 칠지도

백제에서 만들어 왜에 선물한 7개의 가지가 있는 칼이야. 일본 나라현 이소노카미 신궁에 보관되어 있어. 1874년 신궁에서 일하던 학자가 처음으로 이 칼의 존재를 세상에 알렸어. 1953년 일본 국보로 지정되었어.

쏙쏙 퀴즈 맞으면 O, 틀리면 X

1 칠지도의 '칠지'란 쇠를 일곱 번 두드려 만들었다는 뜻이다. ☐

2 칠지도는 왜에서 백제의 왕에게 보낸 선물이다. ☐

59

 삼국 시대 6세기 초

21 무령왕, 아름다운 무덤에 묻히다

#무령왕릉 #벽돌무덤
#중국 및 왜와 교류
#두고보자고구려!

고구려에게 한강 유역을 빼앗긴 백제가 새로이 도읍으로 삼은 곳은 웅진이었어. 웅진성이 있던 곳은 지금의 충청남도 공주야. 백제는 고구려의 공격으로 큰 타격을 입었지만, 다시 힘을 키워 찬란한 문화를 꽃피우기 시작했어. 그리고 그러한 백제의 부활을 이끈 사람이 바로 **무령왕**이야.

무령왕은 급하게 도망치느라 엉망진창이 된 백제 왕조를 다시 일으켜 세우기 위해 열심히 노력했어.

"중국으로부터 앞선 문물을 받아들여 나라를 발전시켜야겠다."

무령왕은 당시 중국의 **양나라**로부터 많은 선진 문물을 받아들였어. 양나라는 백제에 뛰어난 학자와 기술자를 보내 주었지. 무령왕은 왜에도 자주 사신을 보내 왜와 교류하며 친하게 지냈어.

백제가 여러 외국과 활발히 교류했다는 사실은 무령왕이 죽은 뒤 묻힌 무덤을 보면 잘 알 수 있어. 무령왕의 무덤, 즉 **무령왕릉**은 당시 중국 양나라에서 유행하던 **벽돌무덤** *양식으로 지어졌어. 한반도에서는 그때까지 보기 어려운 형태였지. 무덤의 벽돌에는 연꽃 그림이 그려져 있어. 연꽃은 불교를 의미하는 꽃이거든. 그 당시 양나라에서 불교가 크게 유행했던 것의 영향일 거야.

무령왕릉은 왜 원래 백제의 무덤 형태가 아니라 생뚱맞게 양나라 양식으로 지어졌을까? 그건 백제가 중국의 선진 문물에 관심이 많았기 때문일 거야. 지금의 우리나라에서도 유럽의 분위기를 느끼고 싶어 유럽풍으로 *이색적인 건물을 짓는 경우가 있지? 백제도 비슷했던 거야. 당시 중국에서 유행하는 양식을 빠르게 받아들인 거지.

무덤 안을 보면 시신을 눕힌 관에도 신경을 많이 썼던 것을 알 수 있어. 관은 나무로 만들었는데, 당시 일본에서만 자랐다는 최고급 나무인 금송을 써서 만들었어. 그밖에 왕관과 신발도 금으로 화려하게 만들어 무덤에 넣었어. 무령왕릉은 당대의 최고급 *자재만을 써서 화려하게 꾸민 무덤인 거야.

무령왕릉은 옛 백제의 문화를 느낄 수 있는 아름다운 유적일 뿐만 아니라, 백제가 멀리 **중국 및 왜와 교류**했다는 확실한 증거라는 점에서 그 가치가 매우 커.

낱말 체크

★**양식** 예술 작품이나 건축물 등에 나타나는 독특한 표현 형식.

★**이색적** 보통과 두드러지게 다른.

★**자재** 물자와 재료.

무령왕릉을 지키는 동물

무령왕릉에서 나온 진묘수야. 진묘수는 무덤을 지키는 상상의 동물을 뜻해. 무령왕릉에 있는 진묘수는 머리에는 쇠로 만든 뿔이 있고, 몸뚱이 양옆에는 불꽃 같은 날개가 달려 있어.

🔍 금으로 만든 왕관 장식

무령왕릉에서 나온 금으로 만든 왕관 장식이야. 한 쌍으로 되어 있는데, 각각 높이 약 30cm, 너비 약 14cm 정도야. 얇은 금판을 가공해서 마치 불꽃이 타오르는 모양처럼 만들었어. 백제의 화려한 문화와 높은 수준의 금속 공예 기술을 짐작할 수 있어.

쏙쏙 퀴즈 맞는 것 고르기

1 무령왕릉은 중국 양나라의 (벽돌/돌무지) 무덤 양식으로 지어졌다.

2 무령왕릉 안에 있는 관은 (일본/중국)에서 난 나무로 만들었다.

삼국 시대 554년

22 관산성 전투, 성왕의 깨어진 꿈

#성왕 #사비 천도
#관산성 전투
#신라진짜어이상실

무령왕의 뒤를 이어 **성왕**이 왕위에 올랐어. 성왕도 백제를 강한 나라로 만들고자 노력했어. 그래서 무령왕처럼 중국 양나라나 왜와 적극적으로 교류했지. 그리고 고구려를 *견제하기 위해 동맹을 맺은 신라와도 계속해서 좋은 관계를 유지했어.

"이제 백제가 다시 강해졌음을 세상에 알려야겠다."

성왕은 웅진보다 넓고 바다가 가까운 **사비**로 도읍을 옮겼어. 지금의 충청남도 부여가 그곳이지. 성왕은 도로부터 하나하나 계획해 큰 도시를 만들고 성벽을 쌓도록 했어. 그리고 나라의 이름을 '남부여'로 고쳤어.

그런 성왕에게는 한 가지 꿈이 있었어. 바로 예전에 고구려에게 빼앗겼던 **한강 유역**을 되찾는 것이었지. 성왕은 신라에게 함께 고구려를 공격하자고 제안했어. 신라도 기다리던 바였지. 백제와 신라는 동시에 고구려를 공격했어. 방심하고 있던 고구려는 백제와

🔍 백제가 수도를 옮긴 이유

백제는 고구려의 공격으로 한강 유역을 잃은 뒤에 수도를 위례에서 웅진(충남 공주)으로 옮겼어. 웅진은 방어에 유리한 지형을 갖추고 있었거든. 성왕 때에는 수도를 사비(충남 부여)로 다시 한번 옮겼어. 사비는 넓은 평야가 있어서 농사짓기에 좋고 강을 따라 바다 건너 중국 및 왜와 교류하기에도 좋았어.

신라에게 패해 한강 유역에서 물러나야 했지. 백제는 바다와 접한 한강의 ★하류 지역을 차지했고, 신라는 한강의 ★상류 지역을 차지했어.

"마침내 한강을 되찾았구나! 고구려에게 빼앗긴 지 76년 만이로다!"

성왕은 크게 기뻐했어. 하지만 기쁨은 오래가지 못했지. 신라가 백제와의 동맹을 깨고 백제가 얻었던 한강 하류 지역마저 빼앗아 버린 거야! 신라의 입장에서도 한강 하류 지역은 몹시도 탐이 났던 거지. 한강 하류로 나아가면 바다를 통해 중국과 직접 교류할 수 있었거든.

"우릴 배신하다니! 나쁜 신라 놈들, 용서할 수 없다!"

화가 머리끝까지 난 성왕은 이웃 나라 가야와 왜까지 끌어들여 신라를 공격했어. 마침내 백제·가야·왜 연합군과 신라군이 **관산성**에서 맞붙었어. 하지만 신라군의 저항도 만만치 않았지. 성왕은 신라군을 공격하려다가 관산성 근처에 숨어 있던 신라군의 기습을 받고 그만 목숨을 잃고 말았어. 이와 함께 한강을 되찾겠다는 성왕의 꿈도 안타깝게 끝나 버리고 말았지.

낱말 체크

★**견제** 한쪽이 지나치게 세력을 가지지 못하도록 다른 쪽이 통제하는 것.

★**하류** 흐르는 강이나 냇물의 아래쪽.

★**상류** 흐르는 강이나 냇물의 위쪽.

백제의 새로운 이름, 남부여

성왕은 왜 나라 이름을 '남부여'로 바꿨을까? 백제를 세운 온조는 주몽의 아들이었지. 주몽은 부여에서 자랐잖아. 이처럼 백제를 세운 조상의 뿌리는 부여로 이어져. 성왕은 옛 부여를 이어서 나라를 다시 발전시키겠다는 각오로 남부여라는 이름을 썼던 거야.

맞으면 O, 틀리면 X

1 백제 성왕은 웅진에서 사비로 수도를 옮겼다. ☐

2 백제는 신라를 배신하고 한강 유역을 모두 차지하였다. ☐

 삼국 시대 5~7세기

23 백제 문화 속으로, 백제 역사 유적 지구

#백제 역사 유적 지구
#공주 #부여 #익산
#유네스코 세계 문화유산

세련된 문화를 꽃피웠던 백제는 많은 유적을 남겼어. 특히 백제의 수도가 있었던 충청남도 공주와 부여, 그리고 또 다른 왕궁이 있던 전라북도 익산에는 백제의 유적이 많이 남아 있지. 이들 세 도시의 유적은 그 가치를 인정받아 유네스코 세계 문화유산으로 지정되었을 정도야. 이를 한데 묶어 **백제 역사 유적 지구**라고 불러.

세계 문화유산으로 지정된 유적은 총 8곳이야. **공주**에는 공산성, 송산리 고분군이 있어. **부여**에는 관북리 유적과 부소산성, 정림사지, 능산리 고분군, 나성이 있지. 그리고 **익산**에는 왕궁리 유적, 미륵사지가 있어. 이 유적들은 크게 세 종류로 나눌 수 있어. 바로 왕성 유적, *사찰 유적, 무덤 유적이야. 모두 백제 사람들의 생활 모습을 잘 보여 주지.

우선 왕이 머물렀던 **왕성**을 살펴볼까? 웅진성은 고구려에게 패배

부여 관북리 유적

부여 정림사지

한 뒤 급히 건설해야 했지만, 사비성이나 익산의 왕궁은 미리 계획해서 만든 도시였어. 궁궐뿐만 아니라 도로와 사찰의 위치까지 하나하나 미리 계산해서 만들었지.

불교 **사찰**은 어땠을까? 백제의 사찰 건축은 신라와 일본에 큰 영향을 끼쳤어. 특히 일본에는 백제의 절을 본떠 똑같이 지은 절이 있을 정도야. 또 일본의 석탑은 백제의 석탑과 마찬가지로 보통 3층 석탑이야. 그러니까 백제의 석탑은 우리나라와 일본 석탑의 조상이라고 생각하면 돼.

마지막으로 **무덤**을 보자. 고대의 왕들은 자신이 묻히게 될 무덤을 아주 중요하게 생각했어.

"내가 죽으면 무덤에 머물 테니 아주 멋진 무덤을 만들어야겠어."

그래서 무덤은 당시 그 나라 사람들의 관심이 무엇이었는지를 알려 주는 중요한 유적이야. 무령왕릉을 떠올려 봐. 중국에서 유행하던 무덤 양식을 따라서 섬세한 연꽃무늬 벽돌을 쌓아 무덤을 장식했지. 고구려에서는 사람들의 생활 모습이나, 도교의 영향을 받은 사신도를 그리기도 했고.

이야기를 듣고 보니, 백제의 역사가 살아 숨 쉬는 세 도시에 한번가 보고 싶지 않니?

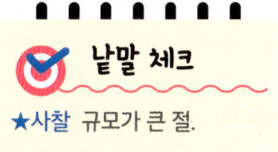

낱말 체크

★**사찰** 규모가 큰 절.

백제의 문화유산

익산 미륵사지 석탑
백제 무왕 때 만들어진 석탑이야. 우리나라에 남아 있는 석탑 중 가장 오래되었지. 탑의 일부는 파괴되어 사라졌어.

백제 금동 대향로
금동으로 만든 향로야. 백제의 뛰어난 금속 공예 기술을 보여 주지.

공주 공산성

공주 송산리 고분군

익산 왕궁리 유적

익산 미륵사지

 **맞는 것 고르기**

1 백제 역사 유적 지구는 (전주/**공주**)와 부여, 익산에 위치해 있다.

2 백제 역사 유적 지구는 왕성, (**사찰**/극장), 무덤 유적으로 나뉜다.

 삼국 시대 **기원전 57년**

24 박혁거세가 신라를 세우다

#알에서 태어남
#서라벌에 건국
#주몽보다먼저알에서나옴

이번에는 삼국 중 신라의 역사에 대해 살펴볼 차례야. 신라의 건국 신화는 어떤 내용인지 한번 알아볼까?

먼 옛날 신라가 세워진 땅은 진한의 한 지역이었어. 이곳에는 여섯 마을이 모여 있었대. 어느 날 각 마을을 다스리는 촌장들이 모여서 회의를 했어.

"우리도 우리를 이끌어 줄 왕이 필요합니다. 어디 왕이 될 만한 어질고 현명한 사람이 없습니까?"

그런데 이때 남쪽에 있는 우물가에 하늘로부터 신비로운 빛이 드리우는 거야. 촌장들이 우물에 가 보니 하얀 말 한 마리가 커다란

알을 향해 무릎을 꿇고 절을 하고 있지 뭐야? 촌장들이 가까이 다가가자 말은 길게 울음소리를 내더니 하늘로 올라갔어. 커다란 알의 껍데기를 깨 보니 그 안에서 놀랍게도 사내아이가 나왔어. 아이를 데려가 목욕시키자 아이 몸에서 빛이 났지.

"참으로 신비롭군요! ★표주박처럼 생긴 알에서 나왔으니 아이의 성은 박씨로 하고, 몸에서 빛이 나니 이름은 밝다는 뜻의 혁거세로 합시다."

한편 근처에는 알영이라는 이름의 또 다른 우물이 있었어. 그런데 어느 날 이 우물에 용이 나타나더니 여자아이를 낳고 사라졌대. 여자아이의 입술은 마치 닭의 부리 같이 생겼는데, 목욕시키자 부리가 똑 떨어졌어.

"용이 낳은 아이라니! 이 아이 또한 하늘이 내려 준 게 틀림없습니다."
여자아이의 이름은 우물의 이름을 따서 알영으로 정했어.

마을 사람들은 **박혁거세**와 알영이 크자, 두 사람을 왕과 왕비로 모셨어. 왕이 된 박혁거세는 나라의 이름을 **서라벌**이라고 정했지.

이 서라벌이 바로 우리가 살펴볼 신라의 옛 이름이야. 서라벌은 또한 **사로국**이라고 불리기도 했지. 서라벌, 다시 말해 사로국은 처음에는 진한의 작은 나라 중 하나였어. 하지만 시간이 지나면서 점차 주변 나라들을 합치며 힘을 키워 나갔어.

낱말 체크

★**표주박** 들고 다니다가 물을 떠먹는 작은 바가지.

사로국의 위치

나중에 신라가 되는 사로국은 지금의 경상북도 경주에 있었어. 진한에 속한 여러 나라 중 하나였지.

알에서 태어난 왕

고구려를 세운 주몽과 신라를 세운 박혁거세는 모두 알에서 태어났다고 해. 믿기 힘든 이야기지? 먼 옛날에는 새가 하늘의 뜻을 전해 주는 존재라고 믿었대. 새의 알도 하늘을 닮아 특별하다고 생각했지. 나라를 세운 왕들도 특별한 존재라고 생각했기 때문에 그들이 알에서 태어났다는 이야기가 만들어지게 된 거야.

쏙쏙 퀴즈 - 맞으면 O, 틀리면 X

1 여섯 마을의 촌장들은 박혁거세를 자신들의 왕으로 모셨다.

2 신라가 처음 만들어졌을 때 이름은 아사달이다.

삼국 시대 **4세기 후반**

25 내물 마립간, 신라의 위기와 성장

#박씨·석씨·김씨
#내물 마립간
#이제부턴김씨만왕이됨

사로국은 6개의 마을이 모여 나라를 이뤘기 때문에 나라를 다스리는 왕의 힘이 그리 강하지 않았어. 사로국에는 나라를 세운 박혁거세가 속한 박씨 집단 말고도 다른 힘센 집단들이 있었거든. 바로 석씨와 김씨 집단이야. **박씨, 석씨, 김씨** 세 집단은 서로 돌아가며 나라를 다스렸어.

게다가 사로국은 아직 작은 나라여서 왕이라는 호칭도 제대로 쓰이지 못했어. 박혁거세는 '거서간'이라고 불렸어. 거서간은 ★존귀한 사람을 부르는 칭호였어. 이 밖에도 제사장이라는 뜻의 '차차웅', 나이가 많고 지혜롭다는 뜻의 '이사금', 최고 높은 사람이란 뜻의 '마립간'이라는 칭호가 쓰였어.

이런 여러 가지 호칭이 쓰였던 것은 아직 나라가 제대로 ★정비되지 않았기 때문이야. **내물 마립간**은 그중에도 가장 힘든 시기에 사로국을 다스린 인물이야. 하필 백제의 근초고왕, 뒤이어 고

경주 대릉원

신라의 왕과 왕비, 귀족들의 무덤이 모여 있는 곳이야. 경상북도 경주에 있어. 12만 제곱미터가 넘는 넓은 땅에 23기의 고분이 있지. 그중 가장 거대한 규모의 황남 대총이나 무덤 안을 살펴볼 수 있는 천마총이 유명해. 대릉원의 고분들에서는 여러 가지 유물이 발견되었어.

구려의 광개토 대왕처럼 이웃 나라의 강력한 왕들과 같은 시대에 살았거든.

"나라를 키우기도 바쁜데, 힘센 나라들에게 이리 치이고 저리 치이다니!"

백제와 가야, 왜가 함께 사로국을 공격했을 때가 내물 마립간에게 가장 큰 위기였어. 내물 마립간은 결국 고구려의 신하가 되기로 맹세하고 **고구려의 도움**을 받아 겨우 나라를 지킬 수 있었어.

"이렇게 약해서는 언제 나라가 사라질지 몰라! 힘을 키우자!"

내물 마립간은 큰 결심을 했어.

"그러자면 다음 마립간은 반드시 우리 김씨 집안에서 나와야 해!"

박씨와 석씨 집단은 더 이상 자신들이 왕을 못 하게 된 것이 불만이었을 거야. 하지만 어쩔 수 없이 변화를 받아들여야 했어. 사로국 안에서 내물 마립간의 *권위가 꽤 높아져 있었거든. 결국 내물 마립간 이후로는 **김씨가 왕의 자리를 독차지**하게 돼. 내물 마립간이 나라의 위기를 극복하고 힘을 키우면서 사로국도 큰 나라로 성장할 발판을 마련한 거야.

낱말 체크

★**존귀하다** 지위나 신분이 높고 귀하다.

★**정비** 흐트러진 조직이나 제도 등을 바로잡는 것.

★**권위** 남을 지휘하거나 통솔하여 따르게 하는 힘.

 신라 왕의 호칭의 변화

거서간
존귀한 사람

↓

차차웅
제사장

↓

이사금
나이 많고 지혜로운 사람

↓

마립간
최고 높은 사람

↓

| 왕 |

 쏙쏙 퀴즈 **맞는 것 고르기**

1 신라의 내물 마립간은 (고구려/백제)의 도움을 받아 적을 물리쳤다.

2 내물 마립간 때부터 (박/석/김)씨만이 사로국의 왕이 될 수 있었다.

삼국 시대 502년

26 지증왕, 소로 농사짓기를 권하다

#소로 농사짓기 권함
#나라 이름 신라 #임금은 왕
#신라발전스타트!

사로국은 내물 마립간 이후 김씨가 연달아 왕을 하면서 나날이 성장했어. 그중 내물 마립간의 손자인 **지증 마립간**은 어려서부터 체격이 크고 담력이 셌다고 해. 때마침 고구려와 백제는 서로를 견제하기 바빠서 사로국을 신경 쓰지 못했어. 지증 마립간은 이때를 틈타 나라를 발전시키고자 했지.

지증 마립간은 다른 나라에서 농사를 짓는데 **소를 이용**한다는 사실을 알았어. 힘센 소를 이용하면 사람의 힘을 덜 들이고도 농사를 잘 지을 수 있었지.

"지금부터는 소를 이용해 밭을 갈도록 하라!"

소를 사용하자 아니나 다를까, 곡식의 생산이 크게 늘었어. 백성

들이 먹고사는 게 조금씩 좋아지기 시작했지. 지증 마립간은 나라의 발전을 위해 더 더 발달된 문물을 얻고 싶어졌어.

하지만 당시 사로국은 한반도 동남쪽에 치우쳐 있는 데다가 높다란 태백산맥에 가로막혀 있었어. 그래서 나라 밖의 정보를 접하거나 앞선 문물을 얻기 어려웠지.

"이제 다른 나라와 *교류하며 새로운 지식을 얻고 싶구나."

"그전에 나라의 정식 이름부터 정하시지요."

사로국은 이때까지도 주변에서 불리는 이름이 여러 가지였어. '서라벌' 또는 '사라'라는 이름으로 불리기도 했지. 당시에는 아직 한글이 없어서 중국의 한자를 빌려서 글을 썼거든. 그러다 보니 본래의 이름과 똑같이 적을 수 없어서 사람마다 나라 이름을 다르게 쓰고 불렀던 거야. 다른 나라와 제대로 교류하려면 이름부터 하나로 정해야 했지. 지증 마립간은 고심 끝에 선언했어.

"나라의 이름은 '덕이 날로 새로워져 사방에 미치다.'는 뜻으로 **신라**라고 하겠다!"

드디어 '신라'가 정식 이름이 된 거야. 그리고 이때부터 신라에서도 다른 나라들처럼 임금을 왕이란 호칭으로 불렀어. **지증왕** 때 신라는 주변의 큰 나라들과 함께 당당히 국제 무대에 나설 준비를 마친 거야.

낱말 체크

★**교류** 문화나 사상 따위가 서로 통함.

나무 사자로 이긴 전쟁

신라 지증왕 때 이사부 장군은 지금의 울릉도에 있던 우산국을 정벌했어. 우산국 사람들의 저항이 거세자, 이사부는 꾀를 냈지. 사자 모양의 나무 조각상을 만들어 배에 잔뜩 싣고 간 거야. 사자를 처음 본 우산국 사람들은 겁에 질려 바로 항복했다고 해.

순장을 없애다

고대에는 높은 사람이 죽으면 그의 시종들을 함께 묻는 '순장'이란 풍습이 있었어. 죽어서도 시종이 높은 사람의 심부름을 하기를 바랐던 거야. 하지만 너무 잔인한 풍습인 순장은 차츰 사라졌어. 신라는 지증왕 때인 502년 순장을 금지했어.

쏙쏙 퀴즈 — 맞으면 O, 틀리면 X

1. 지증왕은 말을 사용해 농사를 짓도록 하였다.

2. 지증왕 때 신라에서 순장 풍습이 사라졌다.

27 법흥왕, 불교를 받아들이다

#율령 반포
#이차돈 #불교 공인
#이래도불교안믿을래?

지증왕이 죽은 뒤 **법흥왕**이 왕위에 올랐어. 법흥왕은 왕의 힘을 더욱 키우고자 했지. 그래서 군사를 지휘하는 최고 권한을 왕이 갖도록 했어. 나라의 법에 해당하는 **율령**도 *반포했지.

또한 법흥왕은 불교를 받아들여 신라의 공식 종교로 만들고 싶었어. 백성들의 마음을 하나로 모아 왕에게 더욱 충성하게 만들고 싶었던 거야. 하지만 법흥왕과 달리 신라의 귀족들은 불교를 마음에 들어 하지 않았어.

"이미 우리가 믿는 신이 있는데, 왜 알지도 못하는 다른 나라의 종교를 받아들여야 합니까?"

귀족들의 심한 반대에 법흥왕도 더는 불교를 *공인하자는 이야기를 꺼내기 어려웠어. 법흥왕의 시름은 날로 깊어 갔지.

법흥왕의 충성스러운 신하이자 불교를 믿었던 **이차돈**은 왕의 고민을 눈치채고 어느 날 왕을 찾아갔어.

❓ 율령을 반포하다

울진 봉평리 신라비

율령은 오늘날의 법으로, 죄인을 처벌하고 나라를 다스리는 데 필요한 기준을 정한 거야. 경상북도 울진 봉평리 신라비에는 새로 신라의 땅이 된 지역에서 일어난 일에 대해 관련자를 벌주는 내용이 나와. 이를 통해 법흥왕 때 만들어진 율령의 일면을 엿볼 수 있지. 이렇게 율령이 전국에 퍼지면서 왕의 권위는 더욱 높아지게 되었어.

"귀족들 앞에서 저의 목을 치십시오. 불교를 받아들일 수만 있다면 제 목숨도 아깝지 않습니다!"

"그게 무슨 말이오? 목숨을 버리다니 있을 수 없는 일이오!"

하지만 이차돈은 끝까지 고집을 꺾지 않았어. 이차돈은 곧바로 귀족들이 신성하게 받들던 숲의 나무를 베어 버렸어. 그리고는 옛 믿음을 버리고 불교를 따를 것을 주장했지. 화가 난 귀족들은 벌떼처럼 일어나 이차돈의 목을 베라고 요구했어. 법흥왕은 눈물을 머금고 이차돈에게 사형을 내렸어. 그러나 이차돈은 차분했어.

"내가 죽으면 부처님이 ★기적을 일으킬 것입니다."

귀족들은 이차돈의 말에 코웃음을 쳤어. 그런데 웬걸, 이차돈의 목을 베자 붉은 피 대신 하얀 피가 용솟음치는 거야! 놀라운 광경을 본 사람들은 큰 두려움에 빠졌어.

"부처님께서 노하셨다! 화를 막으려면 불교를 따라야 한다!"

법흥왕은 이차돈의 희생 덕분에 신라의 공식 종교로 **불교를 공인**할 수 있었어.

 낱말 체크

★**반포** 세상에 널리 퍼뜨려 모두 알게 하는 것.

★**공인** 국가나 공공 단체 또는 사회에서 정식으로 인정하는 것.

★**기적** 보통의 상식으로는 생각할 수 없는 놀라운 일.

 **이차돈 순교비**

이차돈이 불교를 받아들이기 위해 사형당하는 장면을 새긴 비석이야. 경상북도 경주에 있어.

 **맞는 것 고르기**

1 법흥왕은 오늘날의 (법/음악)에 해당하는 율령을 반포했다.

2 불교 공인을 위해 (이차돈/법흥왕)이 희생하였다.

삼국 시대 553년

28 진흥왕, 한강 유역을 차지하다

#한강 유역 차지
#대가야 정복 #화랑도
#백제성왕미안~^^;;

지증왕과 법흥왕이 신라의 기틀을 다졌다면, **진흥왕**은 신라의 영토를 크게 넓힌 왕이야. 진흥왕은 8살에 왕이 되었는데, 일찍부터 강대한 나라를 만들겠다는 큰 뜻을 품고 있었어. 어른이 된 진흥왕은 군사력을 키워 고구려에 맞서며 우선 북쪽으로 땅을 넓혔어.

때마침 백제 성왕이 진흥왕에게 사람을 보내왔어.

"지금 고구려는 나라 안팎으로 매우 혼란스럽습니다. 지금이 한강을 빼앗을 기회입니다."

진흥왕이 기다리던 소식이었어. 진흥왕은 백제와 손을 잡고 한강 일대의 고구려군을 공격해 한강 상류 지역을 점령했어. 곧이어 백제가 *방심한 틈을 타서 백제를 공격하여 한강 하류 지역까지 빼앗

신라의 전성기 지도

앗어. 신라는 한강 유역을 차지함으로써 마침내 중국으로 통하는 교통로를 확보할 수 있었어. 진흥왕은 중국 북제에 사신을 보내는 등 중국과 활발히 교류하기 시작했어.

계속되는 승리에 자신감이 생긴 진흥왕은 남쪽으로 눈을 돌렸어. 가야 연맹은 백제나 왜와 손을 잡고 자주 신라를 괴롭혀 왔지. 그중 금관가야는 법흥왕 때 이미 신라의 영토가 되었어. 진흥왕은 군대를 보내 대가야를 무너뜨렸지. 그러자 나머지 가야 연맹국들도 앞다퉈 신라에 항복하면서 가야는 역사 속으로 사라졌어.

진흥왕은 사방으로 신라의 영토를 크게 넓히고 이를 기념하기 위해 나라의 경계에 커다란 비석을 세웠어. 북한산 진흥왕 순수비, 창녕 진흥왕 순수비 등이 바로 그것이야.

"이제 나라의 *주역이 될 젊은이들을 잘 키워야 해."

진흥왕은 화랑도를 지원하여 나라의 인재를 키웠어. 화랑은 꽃처럼 아름다운 청년이란 뜻이야. 화랑은 수많은 낭도를 이끌며 학문과 무예를 갈고 닦았어. 화랑은 훗날 신라가 삼국을 통일하는 데 큰 역할을 했어.

낱말 체크

★방심 조심하지 않고 마음을 놓는 것.
★주역 주된 역할을 하는 사람.

북한산 신라 진흥왕 순수비

진흥왕이 한강 유역을 차지한 후에 북한산에 세운 순수비야. 순수비는 왕이 방문한 것을 기념해 세운 비석을 뜻해.

쏙쏙 퀴즈 — 맞으면 O, 틀리면 X

1 진흥왕은 백제를 공격해 낙동강 유역을 차지했다.

2 진흥왕은 대가야를 공격해 멸망시켰다.

삼국 시대 632년

29 선덕 여왕, 첫 여왕의 탄생

#첨성대
#황룡사 9층 목탑
#지혜롭고현명한왕

신라 진평왕은 아들 없이 딸만 있었어. 진평왕에게는 왕위를 이을 아들이 없는 게 큰 고민거리였을 거야. 그런데 하루는 중국 당나라에서 신라에 모란꽃 그림과 씨앗을 선물로 보내왔어. 그러자 그림을 본 진평왕의 딸 덕만 공주가 이렇게 말하는 거야.

"이 꽃은 아름다우나 향기가 없을 겁니다. 향이 좋은 꽃에는 나비가 몰리기 마련인데, 그림에 나비가 없습니다."

모란의 씨앗을 심어 이듬해 꽃이 피었는데 정말로 아무런 향기가 나지 않았어. 진평왕은 덕만 공주의 현명함에 감탄했지. 그리고 훗날 공주에게 왕의 자리를 물려주었어. 그가 바로 **선덕 여왕**이야. 우리 역사상 최초의 여성 임금님이지.

선덕 여왕 때 한번은 이런 일이 있었어. 때는 겨울인데 옥문지라

76

는 연못에 갑자기 수많은 개구리가 나타나더니, 며칠 내내 개굴개굴 시끄럽게 울어 대는 거야.

"수상하구나. 개구리의 성난 눈은 병사를 닮았다. 궁궐 밖 서남쪽에 옥문곡이란 곳이 있으니, 군대를 이끌고 가 보거라!"

명령을 받은 장수가 옥문곡에 가 보니 놀랍게도 백제군이 숨어 있었지. 왕의 지혜 덕분에 신라군은 적을 쉽게 물리칠 수 있었어.

별의 움직임을 *관측하는 첨성대를 만든 것도 선덕 여왕 때야. 첨성대는 세계에 남아 있는 천문대 중 가장 오래되었다고 알려져 있어.

또 선덕 여왕은 황룡사라는 절에 높이 80미터나 되는 9층 *목탑을 세우기도 했어. 지금으로 치면 30층짜리 아파트 높이에 해당해. 정말 엄청난 규모지? 하지만 안타깝게도 이 탑은 훗날 몽골이 고려에 쳐들어왔을 때 절과 함께 불타 버리고 지금은 터만 남았어.

옛이야기 중에는 선덕 여왕이 자신이 언제 죽을지, 그리고 자신이 묻힌 장소에 어떤 절이 세워질지까지도 미리 알았다는 이야기도 전해져. 아마도 그만큼 신라 사람들이 선덕 여왕의 지혜를 우러러봤다는 뜻일 거야. 선덕 여왕은 이처럼 빛나는 지혜로 신라를 현명하게 다스렸어.

낱말 체크

★**관측** 자연 현상을 관찰하여 어떤 사실을 조사하거나 알아내는 것.

★**목탑** 나무로 만든 탑.

첨성대

선덕 여왕 때 만들어진 천문대야. 경상북도 경주에 있어. 첨성대는 매우 정밀한 계산에 따라 만들어졌어. 첨성대의 돌로 된 단은 30개인데 한 달이 30일인 것을 뜻해. 창문 아래의 단은 12개인데, 1년이 12달인 것을 뜻하지. 게다가 첨성대 꼭대기의 네 모서리는 정확히 동서남북을 가리켜.

골품제

신라에는 '골품제'라는 독특한 신분 제도가 있었어. 골품제에서는 왕족에 해당하는 성골과 진골이 있었고, 그 아래의 귀족 신분에는 6두품, 5두품, 4두품이 있었어. 1~3두품은 평민 신분이었지. 신분에 따라 집의 크기와 쓸 수 있는 물건도 엄격히 제한되었어.

맞는 것 고르기

1 신라의 선덕 여왕은 (현명한/무서운) 임금으로 유명하다.

2 선덕 여왕은 별을 관측하는 (첨성대/별동대)를 세웠다.

 삼국 시대 42년

30 수로왕, 금관가야를 세우다

#수로왕 #금관가야
#질 좋은 철
#나도알에서나옴^^;;

우리에겐 삼국 시대라는 말이 익숙하지만, 사실 한반도에는 고구려, 백제, 신라 삼국 말고 다른 나라들도 있었어. 특히 가야는 500년 넘게 한반도 남부에서 백제, 신라와 어깨를 나란히 하였지.

가야에도 건국 신화가 전해져. **변한** 지역에 아직 제대로 된 나라 없이 작은 마을들이 모여 있던 때였어. 구지봉이라는 봉우리에서 갑자기 신비로운 목소리가 들려왔지.

"거기 아무도 없느냐? 나는 하늘의 명으로 그곳에 나라를 세우러 내려가니, 너희는 산 위에서 내가 알려 주는 노래를 부르며 춤을 추도록 하라."

마을의 촌장들은 재빨리 산에 올라 목소리가 시키는 대로 노래 부

르며 춤을 췄어.

"거북아, 거북아, 머리를 내밀어라. 내밀지 않으면 구워 먹으리."

그러자 하늘에서 자줏빛 줄이 드리워졌어. 그 끝에는 금으로 된 상자가 있었지. 상자를 열어 보니 안에 황금알 여섯 개가 들어 있었어. 촌장들은 알이 든 상자를 조심히 모셔 왔어. 하룻밤이 지나자 놀랍게도 여섯 알은 모두 사내아이로 변해 있었어. 아이들은 하루가 다르게 쑥쑥 커 갔지.

촌장들은 가장 먼저 태어난 아이에게 '수로'라는 이름을 주고 왕으로 모셨어. 다른 다섯 아이도 각각 흩어져 나라를 다스렸는데, 각 ★소국에는 모두 '가야'라는 이름이 붙었어.

그중 **수로왕**이 다스린 **금관가야**는 지금의 김해 지역에 있던 나라야. 백제와 신라, 왜를 이어주는 교통의 ★요지에 위치했어. 오가는 사람들이 많아 나라가 발전하는 데 유리했어.

가야는 **질 좋은 철**이 생산되는 지역으로도 유명했어. 철기는 사람들에게 없어서는 안 될 중요한 물품이었으니, 너도나도 가야와 교류하려고 했지. 수로왕의 왕비가 되는 허황옥도 멀리 인도의 아유타국이란 나라에서 배를 타고 가야까지 찾아왔다고 해. 그만큼 가야의 이름이 멀리까지 알려졌다는 뜻일 거야.

✅ 낱말 체크

★**소국** 작은 나라.
★**요지** 정치, 문화, 교통, 군사 등의 핵심이 되는 곳.

가야의 철기

철갑옷

가야에서 만든 철제 갑옷이야. 금관가야의 뛰어난 철기 제작 기술을 보여 줘.

덩이쇠

가야의 덩이쇠야. 철기를 만드는 재료이지. 누구에게나 가치 있는 상품인 덩이쇠는 화폐처럼 이용되기도 했어.

🔍 가야의 위치

가야에는 여러 나라가 있었어. 금관가야는 낙동강 하류의 김해 지역에 위치해 있었어. 그래서 바다로 나가 외국과 교류하기에 유리했지. 나중에 금관가야가 힘을 잃었을 때에는 좀 더 북쪽의 고령 지역에 있던 대가야가 그 역할을 대신했어.

쏙쏙 퀴즈 — 맞으면 O, 틀리면 X

1 금관가야를 세운 임금은 수로왕이다.

2 금관가야는 외국과 교통이 불편한 곳에 위치해 있었다.

 삼국 시대 5~6세기

31 대가야, 후기 가야 연맹을 이끌다

#연맹 국가
#대가야 #다채로운 토기
#모두신라에멸망함ㄴ

가야는 여러 개의 작은 나라가 모여서 이루어진 **연맹 국가**였어. 각자 독립된 나라이지만 외부의 위협이 있으면 함께 뭉치는 거야. 연맹을 이끄는 나라도 있었어. 학교로 치면 학급의 반장과 같은 역할이랄까?

처음에는 **김해** 지역에 있던 **금관가야**가 연맹을 주도했어. 금관가야는 풍부한 철을 활용해 국제 교역에 힘쓰며 나라를 발전시켰지. 하지만 고구려의 광개토 대왕이 신라를 도와 백제·왜·가야의 연합군을 물리칠 때, 금관가야는 큰 타격을 받고 말았어.

"금관가야가 힘을 잃었으니, 북쪽의 대가야를 믿어 봅시다."

금관가야가 약해지자, 금관가야를 대신해서 **고령** 지역에 있었던 **대가야**가 가야 연맹을 주도하기 시작했어.

고령 지산동 고분군에 가면 대가야의 왕족과 귀족의 무덤들을 볼 수 있어. 산 전체가 무덤으로 뒤덮여 있을 정도로 거대하지. 산 정상에는 지름이 20m인 무덤이 줄지어 있어.

고분군에서 나온 유물 중 눈에 띄는 건 **토기**와 **금관**, **금동관**이야. 가야는 한반도 어떤 나라보다도 무덤에서 나온 토기의 양이 많고 생김새도 *다채로워. 금관과 금동관도 매우 섬세해서 높은 수준의 금속 가공 기술을 보여 주고 있어.

참, 금관가야라는 이름이 금관을 엄청 잘 만들어서 생긴 이름이라는 것 알아? 금관가야뿐만 아니라 가야의 여러 나라가 금속을 다루는 기술이 뛰어났어. 이러한 기술을 바탕으로 가야의 여러 나라가 국제 교역으로 많은 부를 쌓았지.

그러나 가야 연맹은 강력한 이웃 나라 신라에게 차츰 무너져 갔어. 금관가야의 마지막 왕 구해는 532년 신라의 법흥왕에게 항복하고 나라를 바쳤어. 이어서 후기 가야 연맹을 이끌던 대가야도 562년 신라 진흥왕 때 멸망당했지.

가야는 작은 나라들이 모인 연맹 국가였기에 고구려나 백제, 신라만큼 강한 나라로 성장하지는 못했어. 하지만 독창적이고 풍요로운 문화유산을 많이 남겼어.

낱말 체크

★**다채롭다** 여러 가지 빛깔·모양·종류 등이 어울려 화려하고 볼 만하다.

대가야의 금관과 금동관

금관은 금으로 만든 왕관이야. 금동관은 구리에 금을 입혀 만들었어. 앞면에 아름답고 화려한 세움 장식이 있는 것이 특징이야.

금관

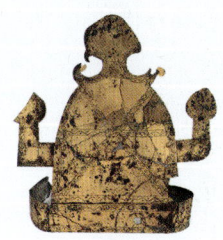

금동관

고령 지산동 고분군

경상북도 고령군 지산동에 있는 고분들이야. 이곳에는 대가야의 고분이 모여 있는데, 큰 고분만 70여 개나 돼. 무덤들에서는 대가야의 왕과 귀족들이 사용했던 다양한 유물들이 발견되었어. 그뿐 아니라 순장되어 묻힌 사람들의 유골도 많이 발견되었지. 이를 통해 순장이 실제로 있었던 풍습이라는 사실을 알 수 있어.

쏙쏙 퀴즈 맞는 것 고르기

1 고령 지산동 고분군은 (금관가야/**대가야**) 왕족의 무덤이다.

2 대가야는 (백제/**신라**)의 공격으로 멸망당했다.

32 삼국 시대 불교 문화

#불교로 왕의 권력 키움
#절 #불상 #탑
#왕이곧부처니나를믿으셈

삼국 시대의 여러 나라는 모두 **불교**와 뗄 수 없는 관계를 맺고 있었어. 고구려, 백제, 신라는 모두 나라의 기틀을 다지면서 불교를 ★국교로 삼았지.

이쯤 되면 한 가지 궁금증이 생겨. 삼국의 왕들은 왜 불교를 받아들이는 데 힘썼을까? 여기에는 여러 가지 이유가 있어.

불교는 사람들의 지친 마음을 달래 주는 종교였지. 고통스러운 삶을 사는 사람들에게는 불교가 큰 위로가 되었어. 동시에 불교는 높은 수준의 문화를 의미했어. 여러 왕들은 저마다 불교를 받아들여 나라의 수준을 끌어올리고 싶었던 거야. 또 **왕의 권력**을 키우려

는 목적도 있었어. 왕들은 나라 곳곳에 절을 짓고 백성들에게 불교를 믿게 하면서 다음과 같이 말했지.

"왕이 곧 부처다. 부처님을 섬기듯 왕을 섬기고 따르라!"

이러한 말은 왕의 권위를 높이는 데 도움을 주었어. 이처럼 삼국의 불교는 종교이면서 나라의 지배 *이념으로서 받아들여진 거야. 이런 숨은 이유 덕분에 불교는 삼국에 빠르게 퍼질 수 있었지.

불교가 퍼지고 나라 곳곳에 절이 세워지면서 불상과 탑도 함께 만들어졌어. 불상은 부처님을 본뜬 조각상이지. 불상은 금을 입혀 장식하기도 했고, 산 절벽 같은 곳에 거대하게 조각하기도 했어.

탑은 원래 부처님의 *유골을 모시기 위해 세웠던 거야. 사람들은 부처님을 대하듯 탑을 향해 기도를 드렸지. 중국에는 벽돌로 만든 탑이 많고 일본에는 나무로 만든 목탑이 많은데, 우리나라는 돌로 만든 석탑이 제일 많아. 그런데 돌, 특히 화강암은 단단해서 조각하기가 매우 어려워. 그런데도 화강암으로 만들어진 삼국 시대 석탑들이 비율에 맞춰 아름답게 조각된 것을 볼 수 있어. 옛사람들의 뛰어난 조각 실력을 엿볼 수 있지.

이처럼 삼국 시대에 불교가 전파되면서 활발하게 만들어진 불상과 석탑은 다시 불교가 널리 퍼지는 데 큰 도움이 되었어.

낱말 체크

★ **국교** 국가에서 법으로 정하여 온 국민이 믿도록 하는 종교.

★ **이념** 이상적인 것으로 여겨지는 생각.

★ **유골** 화장한 뒤나 무덤 속에서 나온 죽은 사람의 뼈.

고구려의 금동 불상

고구려에서 만든 '금동 연가 7년명 여래 입상'이야. 구리에 금을 입혀 만들었어. 고구려에서 불교를 널리 퍼트리기 위해 만들었다고 해.

삼국 시대의 석탑

부여 정림사지 5층 석탑(왼쪽)은 백제의 대표적인 석탑이야. 신라에서 만든 경주 분황사 모전 석탑(오른쪽)은 돌을 벽돌 모양으로 다듬어서 쌓았어.

쏙쏙 퀴즈 — 맞으면 O, 틀리면 X

1. 삼국 시대 불교는 왕의 권위를 높이는 데 도움을 주었다. ☐

2. 부처님의 모습을 본떠 만든 조각상을 탑이라고 한다. ☐

33 삼국 시대 외국과의 교류

#중국에서 선진 문물 수입
#일본에 문물 전파
#서역에서온유리제품까지?

삼국은 주변 여러 나라들과 활발하게 교류했어. 그 가운데 무엇보다도 **중국과의 교류**가 중요했지. 삼국이 한강 유역을 차지하려고 그토록 애를 썼던 이유 중 하나가 바로 중국으로 가는 교통로를 확보하려는 것이었거든.

"나라가 발전하는 데 중국의 선진 문물이 큰 도움이 돼."

고구려, 백제, 신라 모두 시기의 차이는 있지만 나라를 정비하는 데 중국의 제도를 많이 참고했어. 한문을 받아들여 사용했고 불교나 도교, 유교와 같은 사상, 그리고 여러 정치 제도를 받아들였지.

삼국이 중국 다음으로 힘쓴 것은 왜, 그러니까 **일본과의 교류**였어. 중국에서 주로 선진 문물을 받아들였다면, 일본에는 앞선 문물

을 전달해 주는 입장이 되었지.

일본과 가장 가까웠던 나라는 백제야. 백제는 왜에 기와 만드는 법, 사찰을 짓고 탑을 쌓는 법 등 다양한 기술을 가르쳐 줬어. 학자를 보내 왜의 태자를 가르치고 중국에서 들여온 한문책을 전해 주기도 했지. 왜는 백제에 많은 병사를 보내는 것으로 보답했어.

다른 나라들도 왜와 활발히 교류했어. 가야는 왜에 토기 만드는 법을 전해 주었어. 고구려에서는 승려를 보내 종이와 붓 만드는 법, 벽화를 그리는 법을 알려 주었지. 신라는 배 만드는 법이나 ★제방을 쌓는 법을 전해 주었어.

"이것 좀 보세요. 멀리 ★서역에서 가져온 물건이에요!"

삼국이 멀리 **서역과도 교류**했던 흔적을 찾아볼 수 있어. 중앙아시아에 있는 우즈베키스탄이란 나라의 궁전 벽화에서 고구려 사신의 모습을 찾을 수 있거든. 반대로 고구려 고분 벽화에는 눈이 부리부리하고 코가 큰 서역인이 그려져 있어. 신라 무덤에서는 페르시아나 로마 스타일의 유리구슬, 유리그릇이 발견되기도 했어.

이처럼 꽤 이른 시기부터 한반도의 여러 나라는 중국과 일본은 물론, 멀리 서역의 여러 나라와 교류했어.

낱말 체크

★**제방** 물가에 흙이나 돌, 콘크리트 등으로 쌓은 둑.
★**서역** 중국의 서쪽에 있던 여러 나라를 통틀어 이르는 말.

신라 무덤에서 나온 유리 제품들

경주 황남 대총에서 발견된 유리 제품들이야. 서역에서 전해진 것으로 생각돼.

삼국 시대 일본과의 문화 교류

고구려와 일본의 고분 벽화 속 여성의 옷차림이 비슷하지? 또 삼국 시대에 만들어진 불상과 일본의 불상은 쌍둥이처럼 보일 정도야. 삼국 시대 우리 문화가 일본의 문화에 큰 영향을 주었다는 증거야.

고구려 수산리 고분 벽화

일본 다카마쓰 고분 벽화

삼국 시대 금동 미륵보살 반가 사유상

일본 목조 미륵보살 반가 사유상

쏙쏙 퀴즈 맞는 것 고르기

1 삼국은 (중국/일본)과 교류해 선진 문물을 받아들였다.

2 삼국 중 왜와 가장 가깝게 지냈던 나라는 (신라/백제)였다.

삼국이 서로 경쟁하다

고구려의 건국과 성장

고구려를 세운 사람은 **주몽**이야. 고구려는 중국과 대립하며 성장해 갔어. 주변 나라들을 차근차근 정복해 나간 고구려는 **광개토 대왕** 때에 영토를 크게 넓혔어. **장수왕**은 아버지를 기리고 고구려의 힘을 과시하기 위해 커다란 비석을 세웠지. **고분 벽화**를 통해 옛날 고구려 사람들의 생활 모습을 엿볼 수 있어.

백제의 건국과 성장

백제는 주몽의 아들 **온조**가 세운 나라야. 백제는 **근초고왕** 때 영토를 크게 넓히며 전성기를 맞았어. 하지만 이후 고구려 장수왕의 공격을 받아 한강 유역을 빼앗기고 수도를 남쪽으로 옮겨야 했지. **무령왕**과 **성왕** 때 힘을 키우며 한강 유역을 되찾고자 했지만, 결국 신라에게 한강 유역을 다시 빼앗기고 말았어. 백제 역사 유적 지구에 가면 화려했던 백제 문화를 느낄 수 있어.

신라의 건국과 성장

박혁거세가 나라를 세운 뒤 신라에서는 박씨, 석씨, 김씨가 돌아가면서 왕을 했어. 그러다가 **내물 마립간** 때부터는 김씨만 왕이 될 수 있었지. 신라는 **지증왕과 법흥왕** 때 여러 제도를 갖추고 불교를 받아들여 나라의 힘을 키웠어. 마침내 **진흥왕** 때에는 영토를 크게 넓히고 고구려와 백제에 맞서 치열한 전쟁을 벌이기 시작했지.

삼국 시대의 문화

한반도 남쪽 가야에는 작은 여러 나라들이 있었어. 처음에는 **금관가야**를 중심으로 뭉쳤다가, 나중에는 **대가야**가 **가야 연맹**을 이끌게 되지. 고구려, 백제, 신라, 그리고 가야는 모두 **불교**를 받아들여 각자의 독특한 문화를 꽃피웠어. 또한 모두 바다 건너 일본에 **선진 문물**을 전파하여 일본의 문화 발전에 큰 도움을 주었어.

암호를 풀자!

역시 간식단이군. 훌륭한 보고서였어. 다음 암호를 풀면 약속한 간식을 주지. 각각의 빈칸에 들어갈 알맞은 것을 고르고 낱말 아래의 큰 글자를 차례대로 쓰면 암호를 알아낼 수 있어.

1 고구려를 건국한 사람은 ○○이야.
- ☐ 주몽 — 역
- ☐ 단군 — 즉

2 고구려 고분 ○○를 보면 고구려 사람들의 생활 모습을 엿볼 수 있어.
- ☐ 과자 — 시
- ☐ 벽화 — 사

3 온조가 세운 나라의 이름은 ○○야.
- ☐ 탐라 — 모
- ☐ 백제 — 탐

4 백제 왕이 왜왕에게 선물한 칼의 이름은 ○○○야.
- ☐ 칠지도 — 험
- ☐ 청룡도 — 집

5 신라는 지증왕 때 ○를 이용해 농사를 짓기 시작했어.
- ☐ 소 — 은
- ☐ 쥐 — 을

6 신라는 ○○○ 때 한강 일대를 차지해 중국과 직접 교류할 수 있게 됐어.
- ☐ 장수왕 — 이
- ☐ 진흥왕 — 즐

7 삼국 시대에는 고구려, 백제, 신라와 함께 ○○란 나라도 있었어.
- ☐ 고려 — 겨
- ☐ 가야 — 거

8 삼국 시대 각 나라가 국교로 삼은 것은 ○○야.
- ☐ 육교 — 라
- ☐ 불교 — 워

오, 이걸 맞힐 수 있다고? 암호는 바로…

①	②	③	④	⑤	⑥	⑦	⑧

정답 176쪽

자, 약속한 간식이다!

도전! 한국사능력 검정시험

좀 더 어려운 과제에 도전해 볼까?

49회 기출 01 (가) 왕에 대한 설명으로 옳은 것은? 　　14~15쪽지

저희 모둠은 남진 정책을 추진한 (가) 의 한강 유역 진출 과정을 개로왕과 도림 스님의 이야기로 그려 보았습니다.

① 태학을 설립하였다.
② 우산국을 정벌하였다.
③ 왜에 칠지도를 보냈다.
④ 광개토 대왕릉비를 건립하였다.

51회 기출 02 (가)에 들어갈 문화유산으로 옳은 것은? 　　20쪽지

한국사 발표 대회
· 주제: 삼국의 대외 관계

이것은 백제가 왜에 보낸 것으로 알려진 문화유산입니다. 백제와 왜의 교류를 잘 보여 줍니다.

① 금동 연가 7년명 여래 입상
② 앙부일구
③ 호우명 그릇
④ 칠지도

47회 기출 03 다음 가상 인터뷰에 등장하는 왕은? [27꼭지]

① 성왕 ② 법흥왕 ③ 지증왕 ④ 근초고왕

51회 기출 변형 04 (가)에 들어갈 제도로 옳은 것은? [29꼭지]

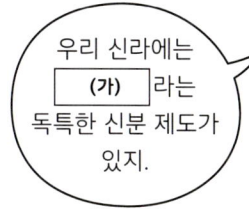  

① 화랑도 ② 골품제 ③ 율령 ④ 제가 회의

50회 기출 05 학생들이 공통으로 이야기하고 있는 왕은? [22꼭지]

① 성왕 ② 무령왕 ③ 근초고왕 ④ 소수림왕

3 남북국 시대

612년 고구려가 수나라군을 무찌르다

660년 백제가 멸망하다

668년 고구려가 멸망하다

676년 신라가 삼국을 통일하다

남쪽엔 신라, 북쪽엔 발해

삼국 중 최후의 승자가 된 것은 신라였어. 신라는 당나라와 손을 잡고 백제와 고구려를 차례로 무너뜨린 후 삼국 통일을 이루었어. 만주에서는 고구려를 이어 발해가 세워졌어. 이처럼 남쪽의 신라와 북쪽의 발해가 함께 있던 때를 남북국 시대라고 해. 신라와 발해는 제각기 문화를 발전시키며 번성했어.

698년
대조영이 발해를 세우다

828년
장보고가 청해진을 세우다

삼국 시대 612년

34 고구려가 수나라 대군을 무찌르다

#수나라 침입
#을지문덕 #살수 대첩
#이제전쟁도머리쓰는게대세

한나라가 멸망한 뒤 중국은 여러 나라로 나뉘어 오랫동안 서로 다투었어. 그런 중국을 다시 통일한 것이 **수나라**야. 무서울 게 없었던 수나라는 이제 동쪽으로 시선을 돌렸어.

"고구려, 너도 수나라의 신하가 되어라!"

하지만 고구려의 영양왕은 들은 척도 하지 않았지. 화가 난 수나라는 113만이라는 어마어마한 수의 군대를 보내 고구려를 공격했어. 고구려도 만만한 상대가 아니었어. 수나라가 고구려의 요동성을 공격했지만, 요동성은 꿈쩍도 하지 않았지. 그러자 수나라는 다른 방법을 생각해 냈어.

"30만의 *별동대로 곧장 고구려의 수도 평양성을 공격하라!"

수나라의 대군이 평양성으로 향하자 고구려의 장군 **을지문덕**이

꾀를 내었어. 거짓으로 지는 척 도망치다가 수나라군이 쉬려고 하면 공격한 거야. 그리고 다시 도망치길 반복했지. 잡힐 듯 잡히지 않는 고구려군 때문에 수나라 병사들은 몹시 지쳐 버렸어. 그러자 을지문덕이 수나라 장군 **우중문**에게 시를 써서 보냈지.

"여러 번 싸움에서 이겼으니 만족하고 그만 돌아가는 게 어떤가?"

은근슬쩍 우중문을 놀리는 내용이었어. 편지를 본 우중문은 몹시 화가 났어. 하지만 수나라군은 식량도 다 떨어지고 병사들이 너무 지쳐 있었기 때문에 결국 *퇴각할 수밖에 없었어. 바로 을지문덕이 기다리던 순간이었지. 수나라군이 살수(청천강)를 건널 때였어.

"지금이다! 둑을 터라! 수나라군을 공격하라!"

을지문덕의 명령에 고구려 군사들은 강 상류에 미리 설치한 둑을 부쉈어. 모아둔 물이 거세게 밀려왔지. 수나라군이 *우왕좌왕하자, 숨어 있던 고구려군이 나타나 화살을 비 오듯 퍼부었어.

고구려군은 살수에서 큰 승리를 거뒀어. 살아남은 수나라 병사는 30만 중 고작 2,700여 명뿐이었다고 해. 이 전투가 **살수 대첩**이야. 큰 피해를 입고 전쟁에 진 수나라는 결국 나라마저 망하고 말았어.

낱말 체크

★**별동대** 작전을 위해 본대에서 따로 떨어져 활동하는 부대.

★**퇴각** 뒤로 물러가는 것.

★**우왕좌왕하다** 이리저리 왔다 갔다 하면서 결정을 내리지 못하고 망설이다.

을지문덕이 쓴 시

을지문덕이 수나라 군대를 이끌던 우중문에게 보낸 시야. 칭찬하는 것 같지만 사실은 수나라가 고구려를 이길 수 없으니 포기하고 물러가라는 뜻을 담고 있어.

신비로운 계책은
하늘의 이치를 헤아리고
기묘한 꾀는
땅의 이치를 꿰뚫는구나.
싸움에 이긴 공이 이미 높으니
만족함을 알고
그만두기를 바라노라.

쏙쏙 퀴즈 맞으면 O, 틀리면 X

1 수나라군을 물리친 고구려 장수는 우중문이다.

2 고구려군은 살수에서 수나라군을 크게 이겼다.

 삼국 시대 642년

35 연개소문, 고구려의 권력자가 되다

#연개소문 정변
#천리장성
#당나라박살낼준비완료

중국에서 수나라가 멸망한 뒤 당나라가 들어섰어. 당나라도 강하고 까다로운 상대인 고구려가 눈엣가시 같았지. 당나라는 호시탐탐 고구려를 정복할 기회를 엿보고 있었어.

이때 고구려에는 **연개소문**이라는 인물이 있었어. 연개소문의 집안은 대대로 고구려의 높은 *관직을 맡아 왔어. 연개소문도 당연히 아버지의 뒤를 이을 것으로 생각했지. 그런데 웬걸, 다른 귀족들이 심하게 반대하는 거야.

"연개소문은 성격이 사납고 잔인합니다. 그에게 높은 관직을 주면 안 됩니다!"

귀족들이 우려했던 것은 사실 연개소문의 성격보다도 당나라에

대한 연개소문의 태도였어. 당시 고구려의 영류왕을 비롯해 여러 귀족은 당나라와의 전쟁을 피하고 싶어 했어. 하지만 수나라와 싸웠던 장수들이나 연개소문 같은 사람들은 고구려가 당나라에 굽실거리기보다 당당히 맞서길 원했거든.

"일단 제가 어떻게 일하는지 지켜봐 주십시오. 그래도 마음에 안 드신다면 관직을 내려놓겠습니다."

연개소문은 간신히 아버지의 자리를 이을 수 있었어. 연개소문은 잠자코 당나라와의 전쟁에 대비해서 국경에 **천리장성**을 쌓기 시작했어. 하지만 귀족들은 여전히 연개소문이 탐탁스럽지 않았어. 연개소문이 힘을 가진다면 당과의 전쟁이 불 보듯 뻔했거든. 귀족들은 연개소문을 제거하자고 주장하기까지 했지.

"왕과 귀족들이 나를 해치우기 전에 내가 먼저 나서야겠다!"

연개소문은 일부러 잔치를 열어 귀족들을 초대했어. 그리고 잔치가 무르익자 군대를 풀어 자신을 반대하던 **귀족들을 제거**하고 영류왕마저 죽여 버렸어. 그리고 왕의 조카를 새로운 왕으로 세웠지. 그가 보장왕이야. 연개소문 자신은 대막리지라는 고구려 최고의 관직에 올라 나랏일을 *좌지우지했어.

연개소문은 이렇게 반역을 통해 자신에게 반대하는 왕과 귀족을 물리치고 나라의 권력을 움켜쥐었어. 하지만 당나라에 맞서는 당당함으로 백성들의 인기를 얻기도 했지.

낱말 체크

★**관직** 관리가 맡은 일이나 책임.

★**좌지우지하다** 무엇이든 제 마음대로 휘두르다.

고구려의 천리장성

중국에 만리장성이 있다면, 고구려에는 천리장성이 있어. 성벽의 길이가 1,000리(약 400km)여서 천리장성이라고 불러. 천리장성은 고구려의 서쪽 지역을 방어하던 여러 성을 이어서 만들었어.

고구려의 성

고구려는 '성의 나라'라 불릴 만큼 많은 성을 지어 적의 침입을 막아 냈어. 오른쪽은 고구려의 백암성이야. 성벽 중간에 불쑥 튀어나온 부분을 '치'라고 불러. 성벽에 접근하는 적을 여러 방향에서 공격하기 위해 만든 거야.

쏙쏙 퀴즈 — 맞는 것 고르기

1 연개소문은 국경에 (만리/**천리**)장성을 쌓아 당의 침입에 대비했다.

2 연개소문은 자신을 반대하던 왕과 귀족들을 (**제거**/설득)했다.

삼국 시대 645년

36 고구려가 당나라 대군을 물리치다

#당나라_침입
#안시성_전투
#흙산_쌓자고_누가_했냐

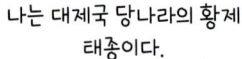

당나라 황제 태종은 고구려에 전쟁을 선포했어. 고구려 왕과 귀족을 살해한 연개소문을 벌하겠다는 이유에서였지. 하지만 그건 핑계였어. 눈엣가시 같은 고구려를 무릎 꿇리려는 속셈이었지.

당나라는 수나라의 패배를 교훈 삼아 철저히 준비를 했어. 그 덕분인지 수나라가 넘지 못했던 요동성을 무너뜨리고 고구려 깊숙이 밀고 들어왔지. 하지만 평양으로 가는 길목의 신성과 건안성을 넘지 못한 채 시간만 버리게 되었어.

"안 되겠다. 다른 길을 뚫어 보자. **안시성**을 공격하라!"

안시성도 고구려의 중요한 길목에 있는 성이었어. 하지만 안시성은 견고했지. 당나라군이 3개월이나 성을 공격했지만 끄떡없었어.

고구려군은 성 위에서 화살과 돌을 쏘며 당나라군을 막아 냈어.

"성보다 높게 흙산을 쌓아 그 위에서 고구려군을 공격하자!"

당나라 군사들은 두 달 동안이나 열심히 흙을 쌓아 거대한 산을 만들었어. 그런데 급하게 쌓은 탓이었을까? 흙산이 어느 날 갑자기 안시성 쪽으로 무너져 내린 거야!

"지금이 기회다. 이참에 흙산을 빼앗자!"

고구려군은 무너진 흙을 타고 올라 흙산을 점령했어. 열심히 쌓은 흙산을 빼앗기자 당나라군의 *사기는 바닥까지 떨어졌지. 게다가 겨울이 되어 추위와 배고픔에 시달려 죽는 병사도 늘어났어.

결국 당 태종은 고구려 공격을 포기했어. 당 태종은 고구려와 싸운 것을 후회하면서 죽기 전에 자신의 아들에게 이렇게 말했다고 해.

"고구려는 쉬운 상대가 아니구나. 다시는 고구려를 넘보지 마라."

이렇게 고구려는 수나라와 당나라의 연이은 침략을 물리쳤어. 고구려 사람들은 오랜 시간 우리 민족의 최전방에서 중국의 거대한 나라들에 맞서 나라를 지켜 냈지. 그래서 고구려를 민족의 *방파제라고 부르기도 해.

낱말 체크

★**사기** 어떤 일을 해내거나 이기고자 하는 집단의 씩씩한 기운.

★**방파제** 항구로 밀려드는 파도를 막기 위하여 쌓은 둑.

고구려가 전쟁에서 승리한 비결

고구려는 산의 험한 지형을 이용해 성을 쌓았어. 그리고 성안에 들어가 적의 공격을 버티며 싸우는 작전을 펼쳤어. 또 개마무사처럼 강력한 철제 무기와 갑옷으로 무장한 군대의 활약도 있었지. 이런 비결 덕분에 고구려는 오랫동안 중국 여러 나라의 침략을 막아 낼 수 있었던 거야.

고구려와 당의 전쟁

쏙쏙 퀴즈 맞으면 O, 틀리면 X

1 고구려는 당나라에 먼저 군대를 보내 공격하였다.

2 당 태종은 고구려의 안시성을 점령하지 못하고 물러났다.

97

삼국 시대 **648년**

37 김춘추, 신라와 당의 동맹을 맺다

#김춘추 #태종 무열왕
#나당 동맹
#살아남는자가승리하는거야

고구려가 수와 당의 침략을 막는 동안, 신라는 백제의 공격에 힘겨워 하고 있었어. 신라에게 한강 유역을 빼앗긴 뒤 백제는 틈만 나면 신라를 공격했거든. 이때 신라 진골 귀족 중에 **김춘추**라는 인물이 있었어. 김춘추는 신라를 일으켜 세우고 싶은 큰 *포부가 있었지.

그러던 어느 날 김춘추의 딸과 사위가 지키던 대야성이 백제에게 *함락되고 딸 부부도 죽는 일이 벌어졌어. 김춘추의 슬픔과 분노는 이루 말할 수 없었지.

"내 딸을 죽게 만들다니…! 내가 반드시 백제를 멸망시키리라!"

하지만 안타깝게도 신라 혼자서 백제를 상대하기에는 벅찼어. 그래서 김춘추는 고구려를 찾아가 도움을 구했어. 그러자 고구려는

신라가 차지한 고구려의 옛 땅을 내놓으면 도와주겠다고 했지. 그러나 이것은 신라가 도저히 받아들일 수 없는 제안이었어. 고구려에서는 김춘추가 고구려의 제안을 승낙할 때까지 돌아가지 못하도록 가두어 두기까지 했어. 김춘추는 제안을 받아들이겠다고 거짓말하고 간신히 고구려에서 탈출할 수 있었지.

김춘추는 죽을 고비를 넘기면서도 결코 포기하지 않았어. 이번엔 당나라와 협상하기 위해 바다를 건넜어.

"우리를 도와 백제를 공격해 주면, 당나라가 고구려를 공격할 때 우리도 돕겠습니다."

당나라는 사실 고구려에 패한 뒤 복수심에 불타고 있었어. 김춘추는 이 점을 잘 이용한 것이었지. 마침내 김춘추는 신라와 당나라의 동맹을 성사시켰어. 이를 **나당 동맹**이라고 해.

김춘추는 신라로 돌아와 백제와의 전쟁 준비를 시작했어. 그런데 때마침 신라의 진덕 여왕이 세상을 떠났어. 진덕 여왕은 신라의 마지막 성골이었어. 성골은 왕이 될 수 있는 신라 최고의 신분이야.

"성골이 없으니 다음가는 신분인 진골 중에 왕을 세웁시다."

이때 왕으로 추대된 것이 김춘추였어. 당나라와의 동맹을 성사시킨 그의 능력이 인정받았던 거야. 그가 바로 **태종 무열왕**이야. 이제 무열왕 앞에는 백제를 멸망시킬 ★사명만이 남아 있었어.

낱말 체크

★**포부** 마음속에 지니고 있는 미래에 대한 계획이나 희망.
★**함락** 적의 도시나 성 등을 공격하여 빼앗는 것.
★**사명** 맡겨진 책임.

김춘추를 구한 '토끼와 거북이'

김춘추가 고구려에 붙잡혀 있을 때, 선도해라는 사람이 김춘추에게 '토끼와 거북이' 이야기를 해 주었어. 용왕에게 간을 빼앗길 뻔한 토끼가 거짓말로 위기에서 빠져나온다는 내용이었지. 그 뜻을 알아차린 김춘추는 고구려 왕에게 자신을 풀어 주면 고구려의 옛 땅을 돌려주겠다는 거짓말을 하고서 고구려를 빠져나올 수 있었어.

경주 태종 무열왕릉비

경주에 있는 태종 무열왕(김춘추)의 무덤 앞에 세워진 비석이야. 받침돌은 거북의 모습을 하고 있고, 비석의 머릿돌에는 용의 모습이 새겨져 있어.

쏙쏙 퀴즈 맞는 것 고르기

1 김춘추의 딸 부부는 (고구려/백제)와의 전투에서 죽었다.

2 김춘추는 신라와 당나라의 (동맹/전쟁)을 성공시켰다.

삼국 시대 7세기

38 김유신, 신라 최고의 명장

#김유신 #김춘추와 사돈
#신라 최고의 명장
#전쟁이제일쉬웠어요

김유신은 삼국 시대 신라를 이야기하는 데 있어서 빼놓을 수 없는 인물이야. 김유신의 집안은 원래 금관가야의 왕족 가문이었어. 금관가야가 신라에 항복할 때 김유신의 집안은 신라의 귀족 가문이 되었지.

젊은 시절에 김유신은 화랑이 되어 낭도를 이끌었어. 청년 김유신에게는 신라를 강한 나라로 만들겠다는 큰 포부가 있었지. 김춘추의 생각도 이와 같았어.

"춘추 공의 생각이 나와 비슷하군. 그와 더 친해져야겠어."

어느 날 김유신은 김춘추와 함께 공놀이를 하다가 일부러 김춘추의 *옷고름을 밟아 버렸어. 찌지직 소리와 함께 옷고름이 찢어졌지.

"이런! 저희 집이 가까우니 가서 옷고름을 꿰매고 가시죠."

이때 김춘추의 옷고름을 꿰매 준 사람이 바로 김유신의 여동생 문희였어. 김춘추는 문희를 보고는 사랑에 빠졌지. 김유신은 바로 이것을 노린 거였어. 문희는 훗날 김춘추의 부인이 되었어. 이로써 김유신이 **김춘추와 가족**이 된 거야.

김춘추와 김유신은 신라를 위해 힘을 합친 최고의 파트너였어. 김춘추가 고구려에 붙잡혔을 때에는 김유신이 김춘추를 구출하겠다며 1만의 군사를 이끌고 나서기도 했어. 김춘추가 고구려에서 무사히 풀려날 수 있었던 데에는 김유신의 용기도 한몫했을 거야.

김유신은 **신라 최고의 ★명장**이었어. 전쟁에 나섰다 하면 지는 법이 없었지. 특히 백제와의 전쟁에서 큰 활약을 했어. 김춘추가 왕이 된 후 김유신은 다시 한번 군사를 이끌고 나섰어. 김유신은 저항하는 백제군을 무찌르며 백제의 수도 사비성으로 향했지. 그리고 마침내 사비성에서 백제 의자왕의 항복을 받아 냈어.

"드디어 백제를 무너뜨렸다. 삼국 통일이 머지않았구나."

그 뒤 신라와 당나라가 고구려를 공격할 때 김유신은 70세가 넘은 나이에도 신라군을 이끌었어. 김유신의 활약이 어찌나 대단했는지, 당나라 황제가 김유신에게 관직을 내려 줄 정도였지. 이처럼 김유신은 신라가 삼국을 통일하는 데 큰 업적을 남긴 인물이야.

낱말 체크

★**옷고름** 한복 저고리나 두루마기의 깃을 여미어 매기 위해 단 끈.

★**명장** 이름난 장수.

김유신 장군의 묘

경상북도 경주에 있는 김유신 장군의 무덤이야. 신라에서는 후에 그를 '흥무대왕'이라고 부르며 그의 업적을 기렸어.

천관녀 이야기

김유신이 화랑이었을 때, 천관녀라는 여자를 좋아해서 수련을 게을리했었대. 김유신은 잘못을 깨닫고 천관녀를 만나지 않기로 결심했지. 하루는 김유신이 술에 취했는데, 그가 탄 말이 천관녀의 집으로 향하는 거야. 그러자 김유신은 단호하게 말의 목을 베어 버리고 집으로 돌아갔다고 해.

쏙쏙 퀴즈 - 맞으면 O, 틀리면 X

1. 김유신은 자신의 여동생과 김춘추가 결혼하도록 했다.

2. 김유신은 백제 최고의 명장이었다.

삼국 시대 660년

39 황산벌 전투, 백제 최후의 저항

#의자왕 #계백 장군
#황산벌 #백제 멸망
#바른말하는신하의소중함

백제의 마지막 임금인 **의자왕**은 원래 능력 있는 왕이었어. 나라의 힘을 착실히 키우고, 신라를 공격해 40개가 넘는 성을 빼앗은 적도 있었지. 하지만 시간이 지나자 의자왕은 점점 *나태해지기 시작했어. 나중에는 잔치를 벌이고 노느라 시간 가는 줄도 몰랐지.

"폐하, 지금 이럴 때가 아닙니다. 신라와 당이 호시탐탐 우리를 노리고 있으니 대비해야 합니다!"

"시끄럽다! 저놈을 감옥에 가둬라!"

의자왕은 바른말 하는 신하를 벌주고, 아첨하는 신하들만 옆에 두었어. 결국 신라가 당나라와 함께 백제로 쳐들어왔을 때, 백제는 우왕좌왕하다 제때 방어할 기회를 놓쳐 버리고 말았지.

김유신이 이끄는 신라군은 어느새 백제의 수도 사비성 코앞에까지 이르렀어. 의자왕은 **계백 장군**에게 **황산벌**에서 신라군에 맞서 싸우도록 했어. 계백이 이끄는 백제군의 수는 고작 5천, 김유신이 지휘하는 신라군의 수는 그 10배가 되는 5만이었어. 이기기 불가능해 보이는 싸움이었지만 계백은 포기하지 않았어.

"옛날 중국에 더 많은 병력 차이를 극복하고 이긴 이야기가 있다. 우리라고 그와 같이 못 하겠는가?"

계백과 5천의 *결사대는 정말 죽을 각오로 싸웠어. 백제군이 신라군의 공격을 몇 차례나 막아 내자 신라 병사들의 기세는 한풀 꺾였지.

신라군이 위기를 겪던 순간에 신라의 화랑이었던 **관창**이 백제군을 향해 돌진했어. 그러나 백제군에게 붙잡히고 말았지. 계백은 관창이 어린 나이의 소년인 것을 알고 그를 풀어 줬어. 하지만 관창은 용기 있게 계속해서 백제군으로 돌진했고 또다시 사로잡혔지.

"계속해서 돌아오니 어쩔 수 없구나. 그의 목을 베어라!"

계백은 관창을 죽여서 돌려보냈어. 그러자 신라군은 관창의 죽음을 슬퍼하며 다시 싸울 의지를 불태웠어. 기세가 오른 신라군은 결국 전투에서 승리할 수 있었어. 계백과 백제군은 끝까지 용감히 싸우다 모두 *전사하고 말았지.

황산벌이 뚫리자 결국 사비성은 신라와 당나라의 연합군에 의해 무너졌어. 그리고 660년 백제 역사도 막을 내리게 되었지.

낱말 체크

★**나태하다** 행동, 성격 따위가 느리고 게으르다.

★**결사대** 목숨을 걸고 싸울 결심으로 조직된 무리.

★**전사** 전쟁터에서 적과 싸우다 죽는 것.

용맹한 화랑들

신라의 청소년 수련 단체였던 화랑도는 신라가 삼국 통일을 이루는 데 큰 힘이 되었어. 화랑은 "싸움에 나가서는 물러섬이 없다."는 가르침에 따라 용기와 충성심을 길렀다고 해. 황산벌 전투에서는 관창뿐 아니라 반굴이라는 화랑도 목숨을 걸고 적과 싸운 것으로 유명해.

삼천 궁녀의 전설

백제 멸망에 관한 전설이 하나 있어. 백제가 무너지자 의자왕을 따르던 3천 명의 궁녀들이 낙화암이라는 바위에서 강으로 뛰어내려 스스로 목숨을 끊었다는 이야기야. 사실이라고 믿기는 힘들지만 참 슬픈 이야기지?

쏙쏙 퀴즈 — 맞는 것 고르기

1 백제 의자왕은 신라와 당의 침입에 대비를 (했다 / 하지 않았다).

2 계백 장군과 결사대는 (황산벌 / 사비성)에서 신라군에 맞서 싸웠다.

남북국 시대 676년

40 고구려의 멸망과 삼국 통일

#연남생 #고구려 멸망
#나당 전쟁 #삼국 통일
#최후의승자는신라!

백제를 물리친 신라와 당나라 연합군은 이어서 고구려 공격에 나섰어. 하지만 연개소문이 지키고 있는 고구려는 여전히 강했어. 당나라는 고구려 정벌을 포기하고 돌아가야 했지.

하지만 뜻밖의 일이 벌어졌어. 연개소문이 죽은 뒤 그의 아들들이 서로 다투기 시작한 거야. 결국 큰아들 **연남생**이 동생들에게 쫓겨 당나라로 도망쳤어. 그리고 당의 황제에게 머리를 조아렸어.

"폐하, 제가 고구려를 공격하는 걸 도와드리겠습니다!"

당나라는 얼씨구나 하며 연남생을 앞세워 고구려를 공격했지. 힘이 빠진 고구려는 당나라와 신라를 막지 못했어. 절대 무너지지 않을 ★철옹성 같았던 고구려는 이렇게 집안싸움 탓에 허무하게 멸망하고 말았어(668). 신라의 삼국 통일이 곧 이루어지는 듯했지.

104

하지만 이게 끝이 아니었어. 신라와 당나라는 백제와 고구려를 무너뜨린 뒤 대동강 남쪽은 신라가 갖고 대동강 북쪽은 당나라가 갖기로 약속했었거든. 그런데 막상 전쟁이 끝나자 당나라군이 돌아갈 생각을 안 하는 거야. 신라까지 차지할 속셈이었던 거지.

"이건 약속이 다르잖아!"

화가 난 신라는 백제 땅에 머물던 당나라군을 기습 공격했어. 이때부터 두 나라 사이에 벌어진 전쟁을 **나당 전쟁**이라고 해. 옛 백제와 고구려 땅의 백성들도 신라를 도와 당나라와 싸웠어. 신라는 매소성과 기벌포에서 당나라군에게 큰 승리를 거뒀어. 그리고 676년 한반도에서 당나라군을 몰아냈지. 마침내 **신라가 삼국을 통일**한 거야.

어떤 사람들은 신라가 당나라를 끌어들여 백제와 고구려를 멸망시킨 탓에 고구려 땅의 대부분을 잃고 만 것을 아쉬워하기도 해. 하지만 신라의 입장에서는 백제와 고구려에 혼자 맞서긴 어려웠을 거야.

신라의 삼국 통일은 오랫동안 서로 다른 나라였던 옛 고구려, 백제, 신라의 백성들이 이제는 한 나라 사람이란 생각을 하게 된 계기가 되었어. 그렇게 하나의 민족 문화를 발전시켜 나갈 수 있게 된 거야.

낱말 체크

★**철옹성** 쇠로 만든 독처럼 튼튼한 성이라는 뜻으로, 방어가 단단한 사물이나 상태를 이르는 말.

김원술 이야기

김원술은 김유신의 둘째 아들이야. 나당 전쟁이 한창일 때 당나라군과 싸우다가 그만 전투에서 패하고 도망쳤지. 크게 화가 난 김유신은 원술을 용서하지 않았고, 원술의 어머니도 그를 만나 주지 않았어. 원술은 슬퍼하며 태백산에 들어가 살았다고 해.

쏙쏙 퀴즈 맞으면 O, 틀리면 X

1. 연개소문은 당에 항복해 고구려를 무너뜨리는 데 앞장섰다.

2. 신라는 당나라군을 몰아내고 삼국 통일을 이뤘다.

남북국 시대 676년

41 문무왕, 삼국 통일의 꿈을 이루다

#문무왕 #삼국 통일
#죽어서는 동해의 용
#나는도대체언제쉬나

무열왕은 백제를 멸망시킨 뒤 눈을 감고 말았어. 그의 맏아들이 뒤를 이어 왕이 되었는데, 그가 바로 **문무왕**이야.

문무왕 때 신라는 마침내 **삼국 통일**의 꿈을 이루게 돼. 문무왕은 당나라가 고구려를 정벌하는 데 힘을 보탰어. 하지만 고구려를 멸망시킨 당나라가 신라와의 약속을 어기자, 나당 전쟁을 벌여 당나라를 몰아내기도 했지. 신라가 삼국 통일을 완수할 수 있었던 건 무열왕과 김유신의 노력도 있었지만, 문무왕이라는 뛰어난 왕이 있었기 때문이기도 해.

삼국을 통일한 문무왕은 옛 백제와 고구려의 **많은** 백성에게 **벼슬**을 내려 주었어.

"신라를 위해 일할 기회를 더 많은 이들에게 나눠 주겠다."

또한 수도였던 경주 사람들과 달리 차별을 받던 지방 사람들에게도 벼슬을 주고 나라를 위해 일할 수 있도록 해 주었어. 오랜 전쟁에 지친 백성들을 위해 세금을 줄여 주기도 했지.

영토를 넓히기만 한다고 해서 나라가 강해지거나 백성들이 왕을 따르는 것은 아니거든. 문무왕은 이처럼 늘어난 영토의 백성들을 아우르면서 백성들이 신라에 충성할 수 있도록 하는 데 힘을 쏟았던 거야.

문무왕은 아름다운 궁궐을 만들기도 했어. **월지**라는 커다란 연못을 만들어 그 연못 주변에 각종 꽃을 심고 ★진기한 새와 짐승을 풀어 놓았다고 해. 이곳에서 잔치를 열거나 귀한 손님을 맞이했어. 그리고 왕자들이 머무는 궁궐인 **동궁**을 연못 근처에 지었지.

신라를 위해 너무 열심히 일하느라 몸을 돌보지 못했던 것일까? 문무왕은 안타깝게도 병에 걸려 오래 살지 못했어. 문무왕은 죽기 전에 신하들에게 이렇게 말했어.

"나는 밖으로 백제와 고구려를 정벌하고, 안으로는 백성을 살기 편하게 해 주었다. 이제 죽어서도 용이 되어 바다 건너 왜적을 막고자 한다. 그러니 내가 죽거든, 내 시신을 ★화장하여 동해에 뿌려라!"

문무왕은 삼국 통일을 이루었을 뿐 아니라 정치·경제·사회 모든 면에서 신라의 발전을 이룬 왕이었어. 심지어 죽어서까지 바다의 용이 되어 신라를 지키려고 했다니, 정말 대단하지 않니?

낱말 체크

★**진기하다** 매우 보기 드물고 이상하다.

★**화장** 시체를 불에 태워 장사 지내는 것.

경주 문무대왕릉

문무왕의 무덤으로 생각되는 바다 위의 바위야. 대왕암이라고도 해. 경상북도 경주에 있어.

경주 동궁과 월지

문무왕이 건설한 동궁과 월지의 모습이야. 동서로 200m, 남북으로 180m 규모로 만들어졌어. 경치가 아름다워서 지금도 많은 사람이 찾는 곳이야. 경상북도 경주에 있어.

쏙쏙 퀴즈 맞는 것 고르기

1 신라는 나당 전쟁에서 승리하고 마침내 (무열왕/**문무왕**) 때 삼국을 통일했다.

2 문무왕은 죽어서도 (**용**/학)이 되어 신라를 지키려고 했다.

남북국 시대 682년

42 신문왕, 국학을 세우다

#신문왕 #왕권 강화
#9주 5소경 #국학
#불만있는귀족들손드셈

문무왕의 뒤를 이어 그의 아들 **신문왕**이 왕이 되었어. 신문왕은 넓어진 영토와 백성을 잘 다스리려면 강력한 힘을 가진 왕이 중심이 되어 나라를 이끌어야 한다고 생각했어. 하지만 삼국 통일 전쟁을 거치면서 힘을 키운 신라 진골 귀족들의 입김도 만만치 않았지.

그러한 진골 귀족 중에 김흠돌도 있었어. 김흠돌은 신문왕의 장인인 데다가 고구려 정벌에서 큰 공을 세운 장군이었어. 김흠돌은 같은 진골인데도 무열왕의 자손만 왕이 되는 게 불만이었어. 게다가 신문왕이 다른 진골 귀족들을 견제하고 억누르려 한다고 생각했지.

"내가 지금 왕보다 부족한 게 뭔데? 나도 한번 왕이 되어 보자!"

김흠돌은 군사를 일으켜 신문왕을 몰아내려고 했어. 하지만 도리어 전투에서 패하고 말았지. **김흠돌의 반란**을 진압한 신문왕은 귀

9주 5소경

신문왕은 전국을 9개 주로 나누고 5개의 소경을 설치했어. 각각의 주 아래에는 군과 현을 두었어. 오늘로 치면 '○○도 △△시'처럼 말이야. 그리고 관리를 보내 다스리게 했어.

족들의 힘을 누르고 *왕권을 강화해야겠다는 마음이 더욱 커졌어.

신문왕은 우선 넓어진 신라의 땅을 효과적으로 다스릴 수 있도록 전국을 9개의 주로 나누었어. 그리고 수도인 경주가 나라의 중앙이 아니라 동남쪽에 치우쳐 있는 걸 보완하기 위해 전국 5곳에 소경을 설치했지. '소경'은 '작은 서울'이란 뜻이야.

각 소경에는 신라의 진골 귀족을 보내 다스리게 했어. 그렇게 해서 그곳의 백성들도 신라 사람이라는 마음가짐을 갖도록 한 거야. 한편으로는 귀족들을 멀리 흩어지게 함으로써 왕에게 함부로 대들 수 없도록 한 거지.

"정치를 잘하려면 내 뜻을 이해하고 움직여 줄 사람들이 필요해!"

신문왕은 믿을 만한 신하들을 키우고 싶었어. 그래서 국학이란 교육 기관을 설립했어. 지금으로 치면 국립 대학이라고 할 수 있지. 국학에서는 유학을 가르쳤어. 유학에서는 부모에게 효도하고 왕에게 충성하라고 가르치거든. 그러니 신문왕에게 딱 필요한 학문이었지. 신문왕은 국학에서 공부한 인재를 키워 신하로 삼았어.

낱말 체크

★**왕권** 임금이 지닌 권력이나 권리.

만파식적 이야기

신문왕 때의 일로 전해지는 신비한 이야기가 있어. 하루는 동해에서 섬이 하나 떠내려왔는데, 바다의 용이 나타나 섬에 있는 대나무로 피리를 만들라고 했대. 신문왕이 이 대나무를 베어서 피리를 만들어 부니, 놀랍게도 적이 물러가고 나라가 평안해졌어. 이 피리의 이름이 '만파식적'이야.

 **쏙쏙 퀴즈** 맞으면 O, 틀리면 X

1. 신문왕은 귀족들의 힘을 키우기 위해 노력했다.

2. 신문왕은 국학을 세워 인재를 키우려고 하였다.

43 대조영, 발해를 세우다

#대조영
#고구려인 #말갈인
#고구려+말갈=발해!

고구려가 멸망한 뒤, 고구려 사람들은 사방으로 뿔뿔이 흩어지거나 당나라로 끌려갔어. 당나라 영주 땅에는 고구려 사람들은 물론이고 거란과 말갈 사람들도 끌려와 있었지. 그중에는 고구려 장수 출신이었던 **대조영**이라는 사람이 있었어. 대조영은 당나라에 괴롭힘 당하는 사람들을 보면서 **당나라를 탈출**할 생각을 품었어.

그러던 어느 날 거란 사람들이 먼저 당나라에 반기를 들었어. 대조영은 당나라의 손아귀에서 벗어날 기회라 생각했지. 그래서 아버지 걸걸중상과 함께 고구려 사람들과 말갈 사람들을 이끌고 옛 고구려 땅으로 향했어. 뒤늦게 이 사실을 안 당나라는 가만있지 않았어.

"잡아라! 녀석들이 도망가지 못하게 막아!"

대조영은 당나라군을 피해 동쪽으로 달아났어. 하지만 많은 백성과 함께 움직이는 동안 어느새 당나라군이 바짝 뒤쫓아 왔지.

"이렇게 도망쳐서는 곧 잡히고 말 겁니다. 무슨 수를 써야 합니다!"

대조영은 고민 끝에 결단을 내렸어.

"조금만 가면 천문령이란 깊은 계곡이 있소. 그곳에 *매복해 있다가 당나라군이 들어오면 공격합시다."

대조영은 당나라군을 천문령으로 *유인했어. 마침내 당나라군이 천문령 깊숙이 들어오자 대조영은 크게 외쳤어.

"지금이다! 화살을 쏴라! 돌을 아래로 굴려라!"

비좁은 계곡 사이에서 오도 가도 못 하게 된 당나라군은 대조영 군의 공격에 맥없이 쓰러졌어. 전투에서 크게 패한 당나라군은 더 이상 대조영 무리를 쫓아오지 못했어.

　한숨 돌린 대조영은 다시 무리를 이끌고 옛 고구려 땅으로 향했어. 그리고 마침내 동모산에 이르렀어. 주위를 둘러보니 사람이 살기에 괜찮아 보였지. 대조영은 함께 온 옛 고구려인들, 그리고 말갈인들과 함께 그곳에 나라를 세우고 스스로 왕위에 올랐어. 이 나라가 바로 **발해**야.

　발해는 통일 신라와 함께 우리 역사의 한 부분을 장식해. 남쪽에 통일 신라, 북쪽에 발해가 있었던 이 시대를 **남북국 시대**라고 해.

낱말 체크

★**매복** 적군이나 상대를 습격하려고, 한 장소에서 몰래 기다리는 것.

★**유인** 남을 속이거나 꾀어 끌어들이는 것.

쏙쏙 퀴즈 — 맞는 것 고르기

1 대조영은 고구려인, (말갈인/거란인)과 함께 발해를 세웠다.

2 남쪽엔 신라, 북쪽엔 (발해/당나라)가 있던 때를 남북국 시대라고 한다.

? 동모산

대조영이 발해를 세운 동모산은 지금은 성산자산이라는 이름으로 불리고 있어. 중국 지린성 둔화시에 있어. 넓고 평평한 평야 지대에 홀로 우뚝 솟은 산이야. 대조영은 이곳에 성을 쌓았다고 해.

44 발해, 해동성국이라 불리다

#무왕 #문왕
#선왕 #해동성국
#우리역사상최대의영토

대조영의 뒤를 이어 **무왕**이 왕위에 올랐어. 무왕은 거대한 당나라에 맞서기 위해 열심히 나라의 힘을 키웠어. 그리고 요동 지방을 점령하여 옛 고구려 땅을 되찾았지. 발해가 요동을 차지하자, 당나라도 보고만 있지는 않았어. 슬슬 발해를 견제하기 시작했지.

"당나라가 우리를 만만하게 보는군. 발해가 쉽지 않은 상대라는 걸 확실히 보여 줘야겠어."

무왕은 단단히 준비를 한 다음 **당나라를 기습**했어. 갑작스러운 공격에 놀란 당나라는 결국 큰 피해를 입었지. 무왕은 당나라와의 전쟁도 마다하지 않으며 발해의 영토를 넓혀 갔어.

이처럼 무왕이 나라 바깥으로 용맹을 떨쳤다면, 무왕의 뒤를 이

은 **문왕**은 안으로 나라를 튼튼하게 한 왕이었어. 문왕은 우선 수도를 동모산에서 **상경**으로 옮겼어. 동모산은 방어하기에는 좋은 곳이었지만 큰 나라의 수도로는 적당하지 않았거든.

문왕은 **당나라와 교류**하며 당나라의 앞선 문물과 제도도 적극적으로 받아들였어. 유학을 가르치도록 해 인재도 키워냈지. 당나라에는 외국인들도 시험을 볼 수 있는 빈공과라는 과거 시험이 있었는데, 많은 발해 사람들이 이 시험에 붙었을 만큼 발해 학생들의 실력이 뛰어났다고 해.

또 과거에 삼국이 그랬던 것처럼 불교를 열심히 받아들였어. 발해도 신라와 마찬가지로 나라 곳곳에 많은 절과 석탑을 세웠지.

이렇게 차근차근 나라를 성장시킨 발해는 10대 왕인 **선왕** 때 전성기를 맞이해. 선왕은 주변에 있던 나라들을 정복해서 동쪽으로는 연해주, 서쪽으로는 요동, 남쪽으로는 대동강, 북쪽으로는 헤이룽강까지 땅을 넓혔어. 이처럼 발해가 강대한 나라가 되자, 당나라에서는 발해를 '바다 동쪽의 ★번성한 나라'라는 뜻의 **해동성국**이라고 불렀어.

낱말 체크
★**번성하다** (세력이) 커지고 널리 퍼지다.

발해의 석등
발해 상경성에 있던 석등이야. 석등은 절에 세웠던 돌로 만든 등이야. 부처님의 가르침으로 세상을 환히 밝힌다는 뜻을 담고 있어.

발해의 전성기
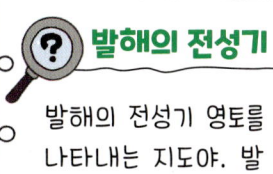
발해의 전성기 영토를 나타내는 지도야. 발해는 넓은 영토를 다스리기 위해 5경을 설치했어.

쏙쏙 퀴즈 — 맞으면 O, 틀리면 X

1. 발해는 무왕 때 영토를 넓히고 해동성국이라 불렸다.

2. 발해는 당나라의 문물과 제도를 받아들이지 않았다.

45 발해의 문화, 고구려를 계승하다

#고구려 계승 문화
#상경성
#발해는고구려를계승한나라

발해에는 옛 **고구려**와 **말갈** 출신의 사람들이 함께 살았어. 그중에서도 왕을 비롯해 높은 관직에 있던 사람들은 옛 고구려 사람들이었지. 그래서 발해는 스스로 고구려의 뒤를 이었음을 강조하곤 했어. 이것은 발해 무왕이 일본에 보낸 외교 편지에서도 알 수 있어.

"발해는 고구려의 옛 땅을 회복한 나라입니다."

일본에서도 발해가 고구려를 *계승한 나라라고 생각했기 때문에 발해의 왕을 '고려 왕'이라고 불렀지.

발해의 유물을 살펴보면 고구려의 유물과 마치 쌍둥이처럼 닮아 있는 것들이 많아. 기와지붕을 장식하는 수막새와 치미는 발해와 고구려의 것이 매우 비슷해서 함께 놓으면 어느 쪽이 발해 유물인지 구분하기가 어려울 정도지. 발해에서 발견되는 *온돌도 고구려에서 사용했던 것과 같은 모양을 하고 있어. 이를 통해 발해가 고구려의 문화를 이어받았음을 알 수 있지.

발해와 고구려의 유물

발해와 고구려 땅에서 나온 수막새, 치미 같은 유물을 비교해 보면 모양과 무늬가 놀랍도록 닮은 것을 알 수 있어.

고구려 수막새   발해 수막새   고구려 치미   발해 치미

발해는 다른 나라의 문화를 받아들이는 데도 열심이었어. 특히 당의 문화를 적극적으로 받아들였지. 그 예로 들 수 있는 것이 발해의 수도 **상경성**이야. 상경성은 당나라의 수도였던 장안성을 본떠 만들었어. 장안성은 미리 계획을 세워 만든 도시야. 당의 황제가 사는 궁을 중심으로 사방으로 큰길을 내고 동서남북으로 큰 문을 두었지. 발해의 상경성도 이와 비슷한 모습으로 세워졌어.

또한 발해는 주변의 여러 나라와 교류하기 위해 사방으로 여러 갈래의 길을 만들었어. 당나라로 향하는 조공도와 영주도, 신라로 향하는 신라도, 일본으로 향하는 일본도, 거란으로 향하는 거란도가 있었지. 발해는 이 길을 통해 외국과 활발히 교류했어.

지금까지 살펴본 것처럼 발해는 **고구려 문화**를 **계승**하면서도 당나라 문화를 받아들였어. 거기에 발해 백성이 된 말갈인의 문화도 뒤섞여 발해만의 독자적인 문화가 만들어진 거야.

낱말 체크

★**계승** 전에 있던 일을 이어서 하거나 이어받는 것.

★**온돌** 불을 때거나 다른 방법으로 방바닥을 데우는 장치.

발해의 용머리 상

발해 상경성 터에서 발견된 용머리 상이야. 궁궐 건물을 받치는 돌들을 튼튼히 고정하는 데 썼어.

쏙쏙 퀴즈 맞는 것 고르기

1 발해의 (상경/장안) 성은 당나라의 수도를 본떠 만들었다.

2 발해 사람들은 스스로 (고구려/당나라)를 이은 나라라고 생각했다.

46 원효와 의상, 불교를 널리 알리다

#원효 #나무아미타불
#의상 #화엄사상
#목마를땐해골물강추!

신라는 부처님의 나라라고 불릴 만큼 많은 절을 세웠어. 이렇게 신라에 불교가 널리 퍼지는 데 큰 역할을 한 두 사람이 바로 **원효**와 **의상**이야. 원효와 의상은 나이 차이는 좀 있지만, 불교를 공부하는 데 있어 둘도 없는 친구였어.

젊은 시절 두 사람은 더 깊이 불교를 공부하기 위해 함께 당나라로 가기로 약속했어. 한참을 걷다 보니 어느덧 산속에서 해가 지고 말았지. 둘은 근처의 한 동굴에서 밤을 보내기로 했어. 피곤에 지쳐 잠들었던 원효는 한밤중에 목이 말라 깨고 말았어. 깜깜한 동굴 속에서 더듬더듬 손을 짚어 보니 물이 담긴 바가지가 손에 잡혔어. 원효는 바가지에 든 물을 벌컥벌컥 마셨지.

"캬~ 시원하고 달구나!"

만족스러운 얼굴로 다시 잠이 든 원효는 다음 날 아침 소스라치게 놀라고 말았어. 원효가 마신 물은 오래된 해골에 고인 물이었던 거야! 구역질하던 원효는 갑자기 정신이 번쩍 났어.

'아! 세상의 모든 것이 마음먹기에 달렸구나! 어제의 시원하고 달았던 물과 해골 물이 다른 물이 아니건만!'

깨달음을 얻은 원효는 굳이 당나라에서 공부할 필요가 없다고 생각했어. 원효는 신라에 돌아가 어려운 불교 ★경전에 자신의 해석을 달아 더 쉽게 읽을 수 있도록 했어. 그리고 글을 모르는 백성들을 위해서 부처님을 따르겠다는 내용의 글귀를 쉬운 노래로 만들었어.

"**나무아미타불**~ 이 노래만 따라 부르면 된다네."

의상은 계획대로 당나라에 가서 불교 사상을 공부하고 돌아왔어. 의상이 우리나라에 전한 **화엄 사상**은 삼국 통일 전쟁 과정에서 사람들 사이에 생겨났던 갈등과 마음속 상처를 아물게 하는 데 도움을 주었어.

의상은 또한 신라 왕에게 건의해 수도 경주뿐 아니라 여러 지방에 절을 짓고, 제자를 길러 냈어. 덕분에 먼 지방에도 불교가 전해져 신라의 불교 수준이 한 단계 높아질 수 있었지.

원효와 의상은 가는 길은 서로 달랐지만, 둘 다 신라 사회에 불교를 깊이 뿌리내리게 했다는 점에서는 공통점이 있어.

낱말 체크

★경전 종교의 가르침을 적은 책.

의상을 지켜 준 선묘

의상에 관한 재미있는 이야기가 있어. 의상이 당나라에서 유학할 때 선묘라는 아름다운 여인이 홀로 의상을 짝사랑했대. 의상이 당나라를 떠나 신라로 돌아올 때 선묘는 의상을 지키겠다고 기도하며 바다에 뛰어들었어. 그 뒤 선묘는 용이 되어 의상이 돌아가는 동안 의상을 지켜 줬다고 해.

원효와 의상

원효와 의상의 모습을 상상해서 그린 거야. 삼국 시대 불교는 왕이나 지배층 중심의 종교였지. 원효와 의상은 그런 불교를 백성들에게 널리 알리는 데 힘썼어.

원효

의상

쏙쏙 퀴즈 맞으면 O, 틀리면 X

1 원효와 의상은 함께 당나라에서 불교를 공부하고 돌아왔다.

2 원효와 의상은 왕과 귀족들에게만 불교를 전했다.

남북국 시대 8세기

47 불국사와 석굴암을 완성하다

#불국사 #석굴암
#석가탑 #다보탑
#다시태어나니일이산더미

신라의 불교 하면 가장 먼저 생각나는 곳이 바로 **불국사**와 **석굴암**이야. 두 곳은 신라의 불교 문화와 뛰어난 건축 기술을 잘 보여주지. 불국사와 석굴암은 세계 문화유산에 등록될 만큼 세계적으로도 그 가치를 높이 평가받고 있어.

이처럼 유명한 불국사와 석굴암을 지은 사람이 바로 신라의 재상 **김대성**이야. 그에 관해서는 다음과 같은 신비한 이야기가 전해져.

대성은 원래 모량리란 곳의 가난한 집 아이였어. 대성의 어머니는 복안이라는 부자의 집에서 일을 하며 겨우 먹고살았지. 어느 날 대성은 복안이 스님에게 많은 재물을 바치는 것을 보았어. 스님은 복안에게 복을 많이 받을 것이라 말해 주었지. 대성은 그 길로 어머

니에게 달려가 말했어.

"어머니, 저희가 *전생에 착한 일을 많이 하지 않아 지금 이렇게 가난하게 사는 것 같아요. 부처님께 정성을 바치는 게 어떨까요?"

어머니는 대성의 말에 따라 집의 유일한 재산인 작은 밭을 절에 바쳤어. 그런데 얼마 뒤 대성이 그만 죽어 버리고 말았어. 이때 이웃 마을에 살던 김문량이라는 재상이 어느 날 밤 하늘에서 나는 신비한 목소리를 들었어.

"모량리에 사는 대성이란 아이가 이제 너희 집에서 태어날 것이다."

얼마 뒤 김문량의 아내가 아기를 낳았어. 놀랍게도 아기는 '대성'이라고 쓰인 쪽지를 손에 쥐고 있었지. 김문량은 대성이 정말로 다시 태어난 것을 알고 대성의 어머니도 모셔 와 함께 살도록 했어. 김대성은 커서 현재의 부모님을 위해 불국사를, 전생의 부모님을 위해 석굴암을 지었다고 해.

불국사는 부처님이 사는 세계를 인간 세상에 만든 절이야. 그만큼 절을 이루는 건축물들이 신비롭고 아름답기로 유명해. 불국사 마당에는 신라를 대표하는 석탑인 **석가탑**과 **다보탑**이 있어. 이 두 개의 탑은 각각 독특한 아름다움으로 보는 사람을 감탄하게 하지.

석굴암은 인공적으로 돌을 쌓아 만든 석굴 사원이야. 신라 시대의 수준 높은 건축 기술을 보여 줘. 특히 부처님을 조각한 본존불상은 완벽하게 균형 잡힌 아름다움으로 유명해. 어때, 기회가 된다면 불국사와 석굴암을 보러 가지 않을래?

낱말 체크

★전생 (불교에서) 이 세상에 태어나기 전에 살았던 삶.

불국사의 석탑

불국사 다보탑

불국사 3층 석탑(석가탑)

불국사와 석굴암

불국사와 석굴암은 신라 시대 불교 문화를 대표하는 유적이야. 경상북도 경주에 있어.

불국사 청운교와 백운교

석굴암 본존불

쏙쏙 퀴즈 맞는 것 고르기

1. 불국사와 석굴암은 (김문량/김대성)이 만들었다.

2. 석가탑과 다보탑은 (불국사/석굴암)에 있다.

남북국 시대 828년

48 장보고, 청해진을 세우다

#장보고 #청해진
#해적 소탕
#염장이염장지름

장보고는 신라의 바닷가 마을에서 자랐어. 어려서부터 무예가 뛰어났다고 해. 하지만 아무리 무예가 뛰어나도 신분이 낮았기 때문에 신라에서는 *무관이 될 수 없었지. 그래서 장보고는 당나라로 건너가 무관이 되었어.

그러던 어느 날 장보고는 신라 백성들이 해적들에게 잡혀 노예로 팔리는 충격적인 모습을 보게 됐어. 장보고는 해적에게 고통받는 신라 사람들을 돕기로 결심했지. 그리고 신라의 흥덕왕을 찾아갔어.

"저에게 군사 1만을 주신다면, 앞으로 신라 앞바다에서 해적이 설치는 일은 없을 겁니다."

홍덕왕은 장보고를 믿어 보기로 했어. 그래서 장보고에게 **청해진**(전남 완도)이라는 기지를 설치하도록 하고 바다의 경비를 맡겼어.

"신라 사람들을 잡아가는 해적선이 나타났다! 쫓아라!"

장보고는 **해적**들을 하나하나 **소탕**해 나갔어. 그의 활약상은 당나라와 일본에까지 퍼졌어. 해적들은 장보고의 이름만 들어도 벌벌 떨었지. 장보고는 무역에도 뛰어들었어. 여러 나라의 귀한 물품을 사서 다른 나라에 팔았지. 그의 세력은 엄청나게 커졌어.

그 사이 신라의 진골 귀족들은 왕위를 두고 서로 싸우기 시작했어. 그중 하나인 **김우징**은 장보고에게 자신을 도와 달라고 했어. 자신이 왕이 되면 장보고의 딸을 자기 아들과 혼인시켜 훗날 왕비로 삼겠다고 약속했지.

김우징의 말에 솔깃해진 장보고는 군사를 지원해 김우징이 왕이 되도록 도와줬어. 그러나 기쁨도 잠시, 김우징은 얼마 뒤 죽고 말았어. 그의 아들로 왕위에 오른 문성왕은 아버지가 했던 약속을 지키려고 했지. 하지만 귀족들은 낮은 신분 출신인 장보고 집안과의 혼인을 강력히 반대했어. 장보고는 불같이 분노했지.

"이놈들, 감히 나를 우습게 생각한단 말이지?"

장보고가 두려워진 귀족들은 장보고의 옛 부하였던 염장을 시켜 장보고를 없애게 했지. 그것도 모르고 염장을 반갑게 맞이한 장보고는 믿었던 부하의 손에 목숨을 잃고 말았어. 장보고가 죽자 청해진도 힘을 잃고 무너졌지. 그렇게 신라는 점점 혼란에 휩싸이고 있었어.

낱말 체크

★**무관** 장교, 또는 군인의 신분으로 일하는 관리.

장보고 동상

전라남도 완도 장보고 기념관에 있는 장보고 동상이야. 오른손에는 칼을, 왼손에는 교역 물품을 적은 책을 들고 있어.

청해진

전라남도 완도에 있는 청해진 유적지의 모습이야. 장보고는 바닷길의 중요한 길목에 이처럼 군사·무역 기지를 설치하고 주변의 해적들을 소탕했어.

쏙쏙 퀴즈 — 맞으면 O, 틀리면 X

1. 장보고는 제주도에 청해진을 설치하고 해적을 소탕했다.

2. 장보고는 귀족들의 지시를 받은 옛 부하에게 죽임을 당했다.

남북국 시대 9세기 후반

49 최치원, 신분의 벽에 막힌 천재

#최치원 #빈공과 합격
#천재 #6두품 한계
#이러니나라가망하지

통일 신라 때 **최치원**이란 학자가 있었어. 최치원은 어려서부터 매우 똑똑하고 책 읽기를 좋아했지. 최치원의 천재성을 알아본 아버지는 최치원을 당나라로 유학 보내기로 마음먹었어. 최치원의 나이 12살 때였지. 당나라에 간 최치원은 누구보다 열심히 공부했어. 그리고 18살이 되던 해에 당의 과거 시험인 **빈공과에 당당히 합격**했어.

당나라의 관리가 된 최치원은 뛰어난 능력을 뽐냈어. 당시 당나라는 황소라는 자가 일으킨 반란으로 매우 혼란스러웠어. 최치원은 황소에게 항복을 요구하는 편지를 쓰는 임무를 맡았지.

"온 나라 사람들이 너의 죽음을 기다리며, 귀신들도 땅에서 너를

죽이려고 수군대고 있다. 회오리바람과 소나기도 금세 사라지는데, 너의 기세가 과연 얼마나 갈까?"

황소는 칼날처럼 날카로운 최치원의 편지를 읽고서 깜짝 놀라 무릎을 꿇었다고 해. 최치원의 글 짓는 실력이 어찌나 좋았던지 중국 역사책에도 글 잘 짓는 사람으로 그의 이름이 남아 있을 정도야.

당나라에서 10년 동안 관리로 일한 최치원은 이제 신라를 위해 일하겠다는 생각에 고향으로 돌아왔어. 최치원은 그동안 경험한 것을 바탕으로 백성을 위한 10여 조의 *시무책을 준비해 신라 진성 여왕에게 바쳤지. 하지만 권력 다툼에 빠져 있던 신라의 진골 귀족들은 최치원의 말에 귀 기울이지 않았어.

"당나라에서 일했다고 신라 상황을 잘 아는 건 아니지!"

"6두품 주제에 뭘 안다고 나서!"

진골들은 최치원이 신분이 낮다는 이유로 무시했어. **6두품 출신**은 아무리 능력이 좋아도 높은 관직에는 오를 수 없는 신분이었거든.

"아! 내가 세상을 잘못 타고나 뜻을 펼쳐 보지 못하는구나!"

최치원은 크게 실망하고 신라를 위해 일하겠다는 뜻을 포기하고 말았어. 그 뒤 여기저기 떠돌아다니다 눈을 감았지. 최치원은 엄격한 신분 제도였던 신라 **골품제의 한계** 때문에 자신의 능력을 펼쳐 보지 못한 *비운의 천재였어. 하지만 그의 글은 오늘날까지 남아 그의 생각을 우리에게 전하고 있어.

낱말 체크

★**시무책** 그 시대에 중요하게 다룰 일에 대한 계책.

★**비운** 불행하고 비참한 운명.

최씨 천재 3명

신라 말에 최치원처럼 당나라에서 유학하고 뛰어난 능력을 뽐냈던 최씨들이 더 있었어. 최승우와 최언위가 그들이야. 최치원과 함께 신라 말의 '3최'라고 불려. 6두품이었던 최씨 집안 사람들은 골품제 때문에 높은 벼슬에 오를 수는 없었지만, 자신의 능력으로 인정받고자 열심히 공부했던 거야.

탑에 새긴 최치원의 글

해인사의 길상탑은 신라 말 도적 떼의 습격을 당해 죽은 이들의 넋을 달래려고 세운 거야. 최치원은 탑을 만든 이유와 죽은 자들의 넋을 위로하는 글을 탑에 새겨 넣었어. 경상남도 합천에 있어.

쏙쏙 퀴즈 — 맞으면 O, 틀리면 X

1. 최치원은 당의 과거 시험에 합격해 당나라 관리가 됐다.

2. 최치원은 6두품이어서 신라 조정에서 인정받지 못했다.

 남북국 시대 901년

50 후삼국이 성립하다

#견훤 #후백제
#궁예 #후고구려
#먼저나라세우면임자

신라의 혼란스러운 상황은 잠잠해질 기미가 보이지 않았어. 진골 귀족들은 왕이 되겠다며 서로 싸워 댔어. 150여 년 동안 왕이 20번이나 바뀔 정도로 치열한 다툼이 계속됐지.

귀족들은 이렇게 서로 다투는 동안에도 백성들로부터 세금을 엄청 거두었어. 견디다 못한 백성들은 무리를 지어 마을과 들에서 도적질하며 살아가기도 했지. 이들을 **초적**이라고 불러. 초적들은 다른 백성뿐만 아니라 관청을 습격하기도 했어.

이제 자신의 가족과 재산은 스스로 지킬 수밖에 없었어. 지방에서는 직접 군사를 모아 부리는 사람들이 나타났어. 일부는 아예 그 지역을 다스리기도 했지. 큰 세력을 지닌 사람은 스스로를 *'성주'나 '장군'이라 칭했어. 이들을 **호족**이라고 불러. 호족 중에는 새로운

나라를 세울 정도로 세력이 커진 경우도 있었어. 대표적인 인물이 바로 견훤과 궁예야.

견훤은 원래 남해 일대를 지키던 군인이었어. 처음에는 열심히 해적을 *소탕하며 고통에 빠진 백성들을 도왔지. 하지만 나라가 백성들에게 관심이 없으니 그런 노력도 소용없었어.

"신라 왕실과 귀족들은 자기 밥그릇 싸움에만 관심이 있구나!"

실망한 견훤은 세력을 키워 완산주(전북 전주)에 나라를 세웠어(900). 옛 백제를 잇겠다는 뜻으로 나라 이름을 **후백제**로 정했지.

궁예는 본래 신라의 왕자였다고 해. 하지만 커서는 승려로 살고 있었어. 그러다 나라가 혼란스러워지자 세상을 바로잡아 보겠다고 절을 뛰쳐나왔지. 궁예는 처음에 양길이라는 사람 밑에 들어갔다가, 나중에 자신을 따르는 부하들이 많아지자 양길에게서 독립했어.

"신라는 썩었다. 내가 새로운 세상을 열겠다!"

궁예의 세력이 커지자, 멀리 송악(경기 개성)의 호족인 왕융과 그의 아들 **왕건**도 궁예의 부하가 되었어. 때가 되었다고 생각한 궁예는 송악에서 나라를 세웠어(901). 궁예는 고구려의 뒤를 잇는다는 의미로 나라 이름을 **후고구려**라고 했지. 이렇게 신라는 다시 분열되어 세 나라가 경쟁하는 **후삼국 시대**가 시작됐어.

 낱말 체크

★**성주** 성의 우두머리.
★**소탕** 적이나 해로운 것을 죄다 잡거나 없애 버리는 것.

 궁예 탄생 설화

궁예는 원래 신라 왕의 자식이었대. 그런데 그가 태어났을 때 이상한 빛이 하늘로 솟구쳤고, 갓난아기임에도 이가 모두 나 있었대. 이를 불길하게 여긴 왕은 궁예를 없애 버리도록 했지. 명령을 받은 신하가 궁예를 높은 곳에서 떨어뜨렸지만, 궁예의 유모가 간신히 궁예를 받아 냈어. 하지만 이때 궁예는 눈을 찔려서 한쪽 눈이 멀게 되었대.

후삼국의 영역

견훤이 세운 후백제와 궁예가 세운 후고구려, 그리고 신라, 이 세 나라를 후삼국이라고 불러. 후고구려는 나중에 나라 이름을 '마진', 그리고 다시 '태봉'이라 고치고 수도를 송악(개성)에서 철원으로 옮겼어.

맞는 것 고르기

1 신라 말 (호족/귀족) 세력인 견훤과 궁예는 새로운 나라를 세웠다.

2 (신라/발해)가 세 나라로 분열된 시대를 후삼국 시대라고 한다.

남쪽엔 신라, 북쪽엔 발해

 신라의 삼국 통일

고구려는 **을지문덕**의 활약으로 수나라의 침입을 막아냈어. **안시성** 성주와 백성들은 당나라의 침략도 물리쳤지. 하지만 삼국 중 최후의 승자가 된 나라는 신라였어. 신라는 **김춘추**와 **김유신**의 활약 속에 **당나라와 동맹**을 맺고 백제와 고구려를 차례로 무너뜨렸지. 당나라까지 몰아낸 뒤 마침내 **삼국 통일**을 이뤘지.

발해의 건국과 성장

고구려가 멸망한 뒤 옛 고구려 사람들은 당나라로 끌려갔어. **대조영**은 옛 고구려인들과 말갈인들을 이끌고 당나라에서 탈출해 발해를 건국했지. 발해는 **무왕** 때 당나라와 대결하며 영토를 넓히고, **문왕** 때에는 당나라의 문물을 받아들이면서 발전했어. 마침내 **선왕** 때에는 **해동성국**이라 불리며 전성기를 맞이했어.

통일 신라의 발전과 위기

삼국 통일을 이룬 신라는 **신문왕** 때 **9주 5소경**을 설치하고 **국학**을 세우는 등 통치 기반을 튼튼히 했어. 하지만 **진골 귀족**들끼리의 다툼이 치열해지자 신라는 혼란에 빠졌어. 바다에서 활약했던 **장보고**는 귀족들에게 제거당했고, 천재 **최치원**도 신분의 벽을 넘지 못했지. 결국 신라는 다시 쪼개져 **후삼국 시대**가 되었어.

통일 신라와 발해의 문화

남쪽에 통일 신라, 북쪽에 발해가 있던 시대를 **남북국 시대**라고 해. 두 나라 모두 독창적인 문화를 발전시켰어. 신라에서는 **원효**와 **의상**이 불교를 백성들에게 널리 전파하는 데 힘썼어. **불국사**와 **석굴암**과 같은 불교 건축물도 세워졌지. 발해는 **고구려 문화를 계승**하면서 당나라 문화를 받아들여 발해만의 문화를 이뤘어.

상어 떼를 피하자!

신라의 김춘추와 함께 바다 건너 당나라로 가는 중에 상어 떼를 만났어!
아래 문제의 정답만 골라서 이동하면 무사히 상어를 피할 수 있어.
상어의 공격을 피해 당나라에 도착한다면 약속한 간식을 주지!

1 당 태종이 패배한 곳은?
2 계백이 최후를 맞이한 곳은?
3 9주 5소경을 설치한 왕은?

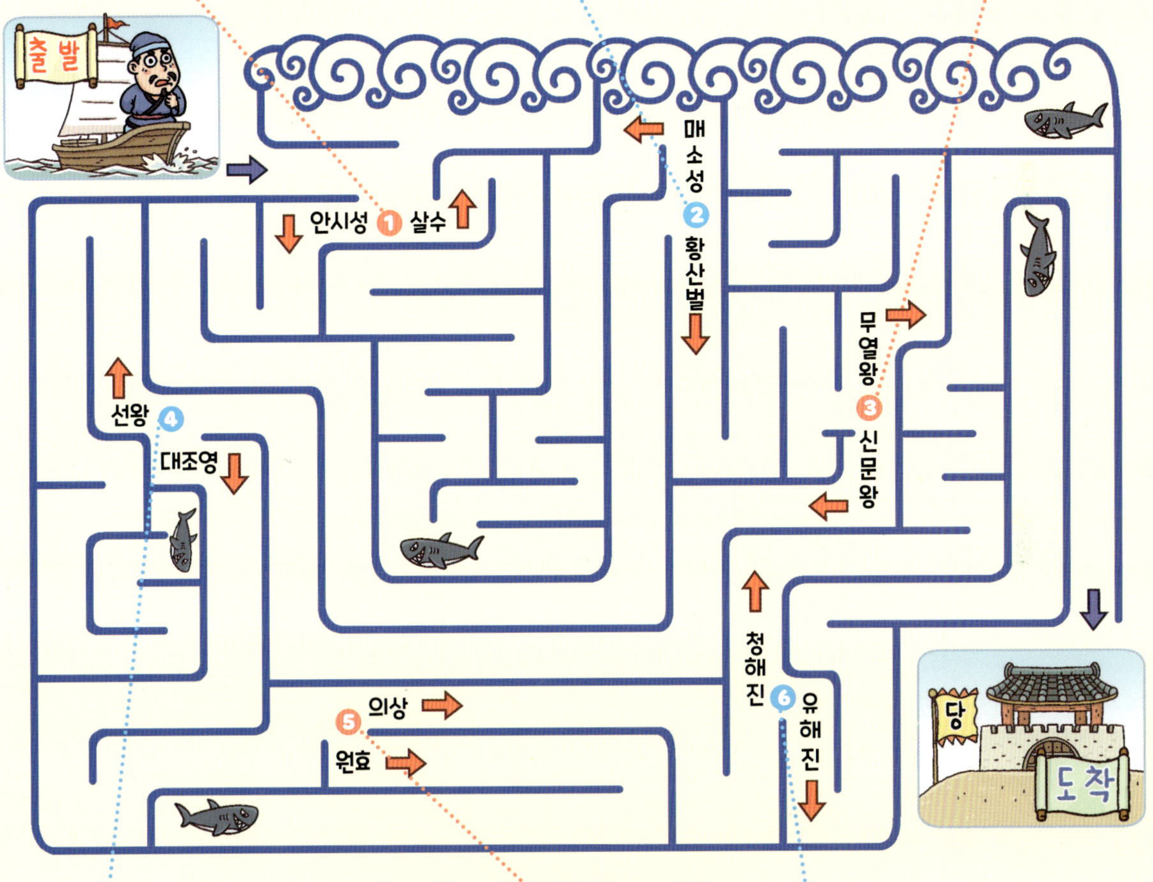

안시성 ① 살수 / 매소성 ② 황산벌 / 무열왕 ③ 신문왕
선왕 ④ 대조영 / ⑤ 의상 / 원효 / 청해진 ⑥ 유해진

4 발해를 건국한 사람은?
5 당에서 불교를 공부한 승려는?
6 장보고가 세운 기지의 이름은?

오, 상어 떼를 피해 바다를 건너다니, 제법인걸?
자, 약속한 간식이다!

정답 176쪽

도전! 한국사능력검정시험

좀 더 어려운 과제에 도전해 볼까?

48회 기출 01 밑줄 그은 '이 전투'로 옳은 것은?   34쪽지

나는 이 전투에서 우문술, 우중문이 이끄는 수나라의 30만 대군을 격파했소.

① 귀주 대첩
② 살수 대첩
③ 안시성 전투
④ 처인성 전투

54회 기출 02 다음 가상 일기의 밑줄 그은 '이 전투'로 옳은 것은?   40쪽지

676년 ○○월 ○○일
매소성 전투에서 승리한 우리 신라군이 설인귀가 이끄는 당군을 이 전투에서 또다시 격파했다는 소식을 들었다. 수많은 사람의 희생 끝에 삼국 통일이 눈앞에 다가왔으니, 이제 백성들이 좀 더 편안하게 살 수 있는 세상이 되었으면 좋겠다.

① 요동성 전투   ② 기벌포 전투   ③ 대야성 전투   ④ 황산벌 전투

03 밑줄 그은 '국가'에 대한 설명으로 옳은 것은?

① 수의 침략을 물리쳤다.
② 마지막 왕은 의자왕이다.
③ 수도는 장안성이었다.
④ 해동성국이라고도 불렸다.

04 (가)에 해당하는 인물로 옳은 것은?

저는 지금 완도 청해진 유적 위에 있습니다. (가) 은/는 이곳을 거점으로 삼아 해적을 소탕하고, 주변 나라들과의 무역으로 큰 이익을 얻었어.

① 원효
② 의상
③ 장보고
④ 연개소문

05 다음 퀴즈의 정답으로 옳은 것은?

단계별 힌트를 종합해 알 수 있는 인물은 누구일까요?

힌트1 6두품 출신의 학자이다.
힌트2 당의 빈공과에 합격해 관직에 올랐다.
힌트3 진성 여왕에게 시무책 10여 조를 올렸다.

① 설총
② 이사부
③ 이차돈
④ 최치원

4 고려 시대

918년
왕건, 고려를 세우다

993년
서희, 말로 거란을 물리치다

1019년
강감찬, 귀주 대첩을 이끌다

다채로운 문화를 꽃피운 고려

고려는 왕건의 건국 이래 안으로는 왕권을 강화하고 과거제를 실시하는 등 나라의 체계를 갖춰 나갔어. 밖으로는 거란, 여진, 몽골 등 외적의 침입에 맞서 싸웠지. 때로는 큰 힘을 가진 문벌의 반란이나 차별받던 무신들의 정변 같은 혼란도 있었어. 오랫동안 원나라의 간섭을 받은 뒤에는 그동안 쌓인 문제들을 개혁하려는 움직임이 나타났어.

1170년 무신들이 난을 일으키다

1231년 몽골이 고려를 침략하다

1356년 공민왕, 원나라의 풍습을 금지하다

고려 시대 **918년**

51 왕건, 고려를 세우다

#왕건 #고려 건국
#훈요 10조
#적이라도항복하면내편

후고구려를 세운 궁예는 왕이 된 뒤로 점점 난폭해졌어. 자신이 사람의 마음을 꿰뚫어 보는 능력이 있다면서, 신하들이 나쁜 마음을 품었다고 억지를 부리며 죽이기까지 했어.

"이대로 가다가는 모두 죽을 겁니다! **왕건** 장군께서 백성들을 이끌어 주십시오!"

왕건은 궁예의 부하였어. 궁예를 따르며 여러 전투에서 승리해 이름을 날렸지. 사람들의 지지를 받은 왕건은 마침내 궁예를 몰아내고 왕이 되었어. 나라 이름은 옛 고구려를 잇는다는 뜻에서 **고려**라 했지.

그때부터 고려와 후백제는 신라를 먼저 차지하려고 싸웠어. 먼저

후백제의 견훤이 신라를 기습 공격했어. 견훤은 신라 왕을 죽게 만들고 대신 새로운 왕을 세웠지. 왕건이 부랴부랴 군대를 이끌고 신라로 향했지만 공산(대구)에서 후백제군에게 크게 지고 말았어.

왕건은 후백제를 이기기 위해서는 지방 **호족**들의 지지를 얻어야 한다고 생각했어. 그래서 항복해 오는 호족들에게 재물과 관직을 주고, 자신은 호족들의 딸과 결혼해서 그들과 한 가족이 되었지. 그러자 점차 고려에 항복하는 호족들이 늘어났어. 이렇게 힘을 키운 왕건은 고창(경북 안동)에서 후백제와 다시 맞붙어 승리할 수 있었지.

얼마 뒤 후백제에서는 견훤의 큰아들 신검이 반란을 일으켜 견훤을 몰아내는 일이 벌어졌어. 아들에게 쫓겨난 견훤이 ★울분을 삼키고 왕건을 찾아왔지. 왕건은 과거의 적이었던 견훤을 따뜻하게 맞이했어. 그러자 신라 왕도 왕건에게 마음이 기울었지.

"고려에 항복하는 것이 백성을 위하는 일인 것 같소."

신라의 항복을 받아 낸 왕건은 얼마 뒤 후백제와의 전쟁에서 최후의 승리를 거뒀어. 왕건이 마침내 후삼국을 통일한 거야.

왕건은 이후 나라의 법과 제도를 정비하고, 불교를 ★장려했어. 죽기 전에는 후손들에게 나라를 잘 다스리기 위한 10가지 가르침을 남기기도 했지. 이를 **훈요 10조**라고 해.

낱말 체크

★**울분** 답답하고 분한 마음.
★**장려** 바람직하고 좋은 일을 해 나가도록 권하거나 북돋우어 주는 것.

개태사의 거대한 솥

개태사는 충청남도 논산에 있는 절이야. 왕건은 후백제의 신검에게 항복을 받은 자리에 개태사를 지으며 후삼국 통일을 기념했어. 개태사에는 쇠로 만든 거대한 솥이 있는데 둘레가 무려 9m나 돼.

훈요 10조

훈요 10조의 내용을 보면 왕건이 고려를 어떤 나라로 만들려고 했는지 알 수 있어.

제1조 고려는 부처님의 힘으로 일어났으니, 불교를 열심히 믿어라.
제4조 중국의 풍속을 무조건 따르지 말고 거란은 멀리하라.
제5조 서경(평양)을 중요하게 여겨라.
제6조 연등회와 팔관회 같은 불교 행사를 잘 치러라.
제7조 신하의 충고를 따르고 백성들의 마음을 얻어라.
제9조 관리의 봉급은 제도에 맞게 주고 병사를 잘 유지하라.

쏙쏙 퀴즈 맞으면 O, 틀리면 X

1 궁예는 왕건을 몰아내고 새로운 나라 고려를 세웠다.

2 왕건은 신라를 공격하여 왕을 죽이고 새로운 왕을 세웠다.

고려 시대 958년

52 광종, 과거제를 실시하다

#광종 #노비안검법
#과거제 #반대하면 죽임
#오싹오싹광종은무서워

왕건이 세상을 떠나자 왕실은 혼란에 빠졌어. 앞서 왕건이 호족의 지지를 얻으려고 지방 호족들의 딸과 결혼했다고 했지? 왕건이 너무 많은 호족 가문과 결혼해서 이게 새로운 문제의 불씨가 된 거야. 여러 힘센 호족들은 왕비가 된 딸과 왕자인 외손자를 앞세워 나라의 권력을 차지하려고 서로 다투기 시작했어.

혼란 속에서 고려의 제4대 왕이 된 **광종**은 왕권을 강화하려면 호족들의 힘을 약하게 만들어야겠다고 생각했어.

"그래, 불법적으로 호족의 노비가 된 자들을 풀어 주어 세금을 내는 백성으로 돌려놔야겠어."

당시에는 호족들이 전쟁 포로나 힘없는 백성들을 강제로 자신의

노비로 만든 경우가 많았거든. 광종은 억울하게 노비가 된 사람들을 찾아내 풀어 주는 법을 실시했지. 이것을 **노비안검법**이라고 해. '안검'이란 '자세히 조사해서 살핀다.'는 뜻이야.

이때 중국의 후주 출신으로 고려에 정착한 쌍기라는 똑똑한 관리가 있었어. 쌍기는 광종에게 다음과 같이 제안했어.

"중국에서는 관리를 뽑을 때 과거 시험을 치릅니다. 고려에서도 **과거제**를 실시해 능력 있는 인재를 관리로 ★채용해야 합니다."

과거 시험으로 관리를 뽑는다면 힘 있는 호족들뿐만 아니라 지방 출신이거나 좀 더 낮은 신분의 사람도 관직에 오를 수 있었지. 호족 세력의 힘은 자연히 약해질 테고 말이야. 광종은 쌍기의 건의를 받아들였어.

호족들의 불안감은 커져 갔어. 노비안검법으로 병사나 일꾼으로 쓸 노비를 많이 잃게 되었잖아. 게다가 자식이 공부를 못해 과거에 합격하지 못하면 앞으로 자기 집안의 힘을 유지하지 못할까 겁이 났지.

"후삼국을 통일할 때 공을 세운 우리 호족들에게 이럴 수가…!"

"노비안검법 반대! 과거 시험 반대!"

호족들의 강한 반발에도 광종은 눈 하나 깜짝하지 않았어. 오히려 자신의 뜻을 더 강하게 밀고 나갔지. 반항하는 호족들은 가차 없이 제거했어. 결국 광종의 의도대로 호족들의 힘은 약해지게 되었지. 광종은 왕의 권위를 높이고 자신의 뜻대로 나라를 다스릴 수 있었어.

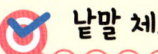

낱말 체크

★**채용** 기관이나 회사에서 사람을 뽑아서 쓰는 것.

광종의 공포 정치

광종은 왕권을 강화해서 자신의 뜻대로 정치를 펼치고 싶었어. 그래서 방해가 될 만한 힘 있는 호족들은 가리지 않고 제거했지. 많은 호족이 반역을 꾀했다는 이유로 붙잡혀 죽임을 당했어. 감옥에 가둬야 할 사람이 너무 많아져 새로 감옥을 만들어야 할 정도였대.

광종 황제

광종은 스스로 황제라 칭하고 '광덕', '준풍' 등의 연호를 사용했어. 충청북도 청주에 있는 용두사지 철당간에는 광종이 사용했던 연호가 새겨져 있어. 당간은 절의 입구에서 깃발을 걸던 기둥이야.

용두사지 철당간

쏙쏙 퀴즈 — 맞는 것 고르기

1 광종은 억울하게 (노비/왕비)가 된 사람을 풀어 주게 했다.

2 광종은 쌍기의 건의로 (과거제/미래제)를 실시했다.

 고려 시대

53 과거제와 음서, 관리가 되는 길

#과거제 #음서
#최승로 시무 28조
#과거합격해야진짜인정!

고려 시대에 관리가 되는 방법에는 과거제와 음서가 있었어.

고려 시대 이전까지는 높은 신분인 귀족들만 나라의 관리가 될 수 있었지. 하지만 광종 때 쌍기의 건의로 처음 시행된 **과거제** 덕분에 중간 신분의 사람들도 관리가 될 기회를 얻었어. 그러니 백성들의 호응이 좋았겠지?

"야호, 우리도 과거 시험에 합격하면 관리가 될 수 있다!"

과거에는 크게 **제술과**, **명경과**, **잡과** 세 가지가 있었어. 제술과와 명경과는 나랏일을 담당할 관리를 뽑는 시험이야. 그중 제술과는 글짓기 실력을, 명경과는 유교 경전을 얼마나 공부했는지를 보았지. 잡과는 기술자를 뽑는 시험이야. 그밖에 **승과**도 있었어. 승과

는 절의 승려가 되기 위해서 치러야 했던 과거 시험이야.

과거제 덕분에 더 많은 사람이 나랏일에 참여할 기회를 얻게 되었어. 하지만 고려 역시 엄연한 신분제 사회였던 걸 잊으면 안 돼. 제술과나 명경과처럼 나라의 정치를 담당할 관리를 뽑는 과거 시험은 아무나 볼 수 없었어. 낮은 신분은 잡과에만 도전할 수 있었지.

그런데 이름 높은 가문 출신이더라도 과거 시험에 합격하지 못하는 경우도 있었겠지? 높은 신분의 관리들은 혹시라도 자기 자식이 관리가 되는 길이 막힐까 봐 염려했어. 그래서 과거 시험을 치르지 않고서도 관리가 될 수 있도록 음서라는 제도를 만들었지.

음서는 할아버지나 아버지가 나라에 공을 세웠거나 5품 이상의 높은 벼슬에 있으면 그 자손에게 과거를 보지 않아도 관직을 주는 제도였어. 그러니까 음서는 *특권층을 위한 제도라고 생각하면 돼.

"휴, 과거 시험 공부하기 싫었는데 음서가 있어 다행이군."

고려 시대에 가장 높은 관직은 *재상이었는데, 대부분은 음서 출신들이었어. 하지만 반대로 음서 없이 과거에 합격한 뒤 재상의 자리에까지 오른 사람도 일부 있었지. 또한 음서 출신이라 하더라도 나중에 과거에 합격해 자신의 능력을 증명하려고 하는 경우가 많았어. 이처럼 고려 사회는 이전보다는 개인의 능력을 더 중요하게 여기는 사회였어.

낱말 체크

★**특권층** 사회적으로 특별한 권리를 누리는 신분이나 계급.

★**재상** 임금을 도와서 모든 관리를 지휘·감독하는 2품 이상의 벼슬.

과거 합격증, 홍패

고려에서는 과거에 급제한 사람한테 합격 증서인 홍패를 주었어. 홍패에는 급제한 사람의 이름과 시험의 종류, 합격 연도 등이 적혀 있어. 아래는 1205년에 장양수라는 사람이 진사시 병과에 급제해서 받은 홍패야.

❓ 유교를 바탕으로 한 정치

과거에 합격하려면 유교 공부는 필수였어. 고려 시대에 유교는 나라를 다스리는 근본 사상으로 자리 잡았거든. 성종 때 최승로는 유교 사상을 바탕으로 정치를 개혁할 28개의 방안을 올리기도 했어.

쏙쏙 퀴즈 — 맞으면 O, 틀리면 X

1 과거제가 실시되자 높은 신분의 귀족들만 관리가 되었다. ☐

2 음서는 낮은 신분의 사람들도 관직을 얻을 수 있게 해 주었다. ☐

54 서희, 말로 거란을 물리치다

#거란 1차 침입
#서희 #강동 6주
#기부천사소손녕♡

고려가 나라의 기틀을 다지는 동안, 중국에서는 북쪽의 **거란**(요)과 남쪽의 **송**이 대립하고 있었어. 두 나라는 서로 힘이 비슷비슷했지. 거란은 송나라가 혹시라도 고려와 손을 잡고 자신을 공격할까 경계했어. 그래서 미리 두 나라의 관계를 깨트리려고 했지.

거란은 **소손녕**을 시켜 수십 만의 군대로 고려를 공격하게 했어. 이것이 거란의 1차 침입이야. 거란군이 물밀 듯이 밀고 내려왔지만, 고려는 항복하지 않았어. 초조해진 소손녕은 잠시 공격의 고삐를 늦추고 고려에 대화를 요구했지. 고려 *조정의 신하들은 겁을 집어먹고 아무도 나서지 않았어. 그때 앞으로 나선 이가 바로 **서희**야.

"제가 가서 소손녕과 *담판을 짓고 오겠습니다!"

서희는 소손녕을 만나러 안융진(평남 안주)에 있는 거란군의 ★진영으로 갔어. 소손녕은 험상궂은 눈으로 서희를 노려보며 이야기했어.

"우리 거란은 옛 고구려의 땅을 가진 나라이니, 고려가 차지한 고구려 땅 역시 우리 땅이다. 더구나 고려는 우리 거란을 멀리하려 하니 우리가 고려의 버릇을 고쳐 주러 왔다."

소손녕의 억지에 서희는 오히려 큰소리를 쳤어.

"우리 고려야말로 고구려를 이은 나라이니, 우리가 고구려 옛 땅이었던 요동을 돌려받아야 하오. 그리고 우리가 일부러 거란을 멀리한 것이 아니오. 압록강 동쪽에 사는 여진족이 거란으로 가는 길을 막고 있지 않소? 이곳을 우리에게 넘기면 거란을 멀리할 이유가 없소."

서희의 논리적인 말에 설득당한 소손녕은 군대를 돌려 거란으로 돌아갔어. 고려는 덤으로 압록강 동쪽의 땅까지 넘겨받게 되었지. 사실 서희는 거란이 고려를 침략한 이유가 고려와 송나라가 가까워지는 것을 두려워했기 때문이라는 것을 잘 알고 있었던 거야.

서희의 용기와 판단력, 그리고 뛰어난 말솜씨 덕분에 고려는 피 한 방울 흘리지 않고 오히려 영토를 넓힐 수 있었어. 이 지역을 압록강 동쪽의 6개 지역이라는 뜻에서 **강동 6주**라고 불러.

낱말 체크

★**조정** 임금과 높은 신하들이 나라의 정치를 의논하고 정하는 모임.

★**담판** 맞선 관계에 있는 둘이 함께 논의하여 시비를 가리거나 결말을 짓는 것.

★**진영** 군대가 주둔하고 있는 곳.

거란 (요)

거란은 만주 랴오허강 유역에 살던 유목 민족이야. 원래 여러 부족으로 나뉘어 있었지만 힘을 합쳐 나라를 세웠어. 거란은 발해를 무너뜨린 뒤 나라 이름을 '요'로 고쳤어. 고려를 세운 왕건이 거란을 멀리하라는 가르침을 남겼을 만큼, 고려와 거란의 사이는 처음부터 좋지 않았어.

거란의 1차 침입

서희의 활약으로 고려는 거란군을 물리치고 강동 6주를 손에 넣었어. 고려는 강동 6주를 얻는 대가로 송나라와의 관계를 끊고 거란과 친밀하게 지내기로 했어. 거란에 유학생을 보내 거란어를 배우게 하기도 하였지.

맞는 것 고르기

1 서희는 거란 장수 (소손녕/소지섭)과 담판을 벌였다.

2 서희의 활약으로 고려는 (강남/강동) 6주를 얻게 됐다.

고려 시대 1019년

55 강감찬, 귀주 대첩에서 승리하다

#거란 3차 침입
#강감찬 #귀주 대첩
#거란그만쳐들어오셈

거란(요)은 서희에게 설득되어 강동 6주를 고려에 내준 것을 곧 후회했어. 두 나라 사이에 위치하는 강동 6주는 생각보다 굉장히 중요한 땅이었던 거야. 거란 황제는 분해서 잠을 이룰 수 없었지. 얼마 뒤 거란은 두 번째로 고려에 쳐들어왔어.

"고려의 왕만 잡으면 우리가 쉽게 이길 것이다!"

거란군의 기세에 놀란 고려 왕 **현종**은 황급히 남쪽의 나주(전남 나주)까지 피란해야 했어. 그러자 거란군은 개경을 불태우고 현종에게 항복을 요구했어. 현종은 직접 거란에 가서 거란 황제에게 항복하겠다는 약속을 하고서야 거란군을 물러나게 할 수 있었지. 하지만 현종이 정말로 항복할 생각은 아니었어. 대신에 또다시 벌어질 전쟁에 대비했지.

결국 거란은 10만의 군대를 이끌고 세 번째로 고려에 쳐들어왔어. 현종은 **강감찬**을 불러 군대를 맡겼어. 강감찬은 그때 이미 70세가 넘은 나이였지. 하지만 뛰어난 지휘관이었던 강감찬은 거란군의 속셈을 훤히 읽고 있었어. 거란군은 지난번처럼 속전속결로 개경을 함락시키려고 했지. 고려군은 개경으로 향하는 길목 곳곳에서 거란군을 공격해 상당한 피해를 입혔어. 모든 게 강감찬의 생각대로 흘러갔지.

계속된 패배에 지친 거란군은 결국 후퇴할 마음을 먹었어. 그러자 강감찬은 거란군에 앞서 귀주에서 적을 기다렸어. 마침내 귀주에서 수십만의 군대가 뒤엉킨 큰 전투가 벌어졌어. 전투는 며칠 동안이나 계속되었어. 강감찬의 지휘 아래 온 나라의 힘을 집중시킨

싸움이었지. 귀주에서 고려군은 압도적인 승리를 거두었어. 거란군 10만 중 살아 돌아간 사람이 고작 수천 명에 지나지 않았다고 해. 이 전투가 바로 그 유명한 **귀주 대첩**이야.

"거란이 더는 고려를 침입하지 못하게 천리장성을 쌓으소서!"

고려는 강감찬의 건의에 따라 거란과의 경계에 **천리장성**을 쌓았어. 이후 고려는 100년 넘게 평화를 유지하며 번성할 수 있었어.

 강감찬 동상

서울 낙성대에 있는 강감찬 동상이야. 낙성대는 강감찬이 태어난 곳이라고 해. 낙성대는 '별이 떨어진 곳'이라는 뜻인데, 강감찬이 이곳에 태어났을 때 큰 별이 떨어졌다고 해서 붙여진 이름이야.

거란의 3차 침입

거란군은 개경 근처 신은현에 이르러서 싸움이 불리함을 깨닫고 군사를 돌렸어. 하지만 강감찬은 귀주에서 거란군을 거의 전멸시켜 버렸지.

맞으면 O, 틀리면 X

1 강감찬이 이끄는 고려군은 귀주에서 거란군을 크게 이겼다. ☐

2 고려는 거란과의 전쟁이 끝난 뒤 천리장성을 쌓았다. ☐

 고려 시대 1107년

56 윤관, 여진을 정벌하다

#여진 #윤관
#별무반 #동북 9성
#다시돌려주긴아까워ㅜ

이번엔 고려 동북쪽의 **여진**이 심상치 않았어. 원래 여진은 여기저기 흩어져서 살던 유목 민족이었는데, 어느새 서로 힘을 합쳐 큰 세력을 이루기 시작한 거야. 여진은 점점 남쪽으로 내려오더니 천리장성 근처까지 와서 자리를 잡고 고려를 괴롭히기 시작했어.

"여진이 자꾸 고려 영토에 들어와 백성들을 *약탈합니다. 도와주세요!"

숙종은 **윤관**에게 여진의 정벌을 명령했어. 그런데 여진을 막으러 갔던 윤관은 생각보다 여진이 세다는 걸 알고 깜짝 놀랐어. 이대로는 여진을 당해 낼 수 없다고 생각한 윤관은 조정에 새로운 군대를 만들 것을 건의했어.

그렇게 해서 만들어진 군대가 **별무반**이야. 별무반에는 *기병인

신기군, ★보병인 신보군, 승려들로 이루어진 항마군이 있었어. 별무반은 힘든 훈련을 마친 뒤 여진을 상대하기 위해 의기양양하게 천리장성 너머 동북쪽으로 향했어.

"고려군의 무서움을 보여 주마!"

윤관과 별무반은 엄청난 기세로 여진과의 전투에서 승리를 거듭했어. 그렇게 여진을 몰아낸 땅에는 새로 9개의 성을 쌓고 고려의 백성들을 옮겨 살게 했어. 이때 새롭게 고려의 영토가 된 땅을 **동북 9성**이라고 해.

하지만 동북 9성을 지키는 건 결코 쉽지 않았어. 여진족이 빼앗긴 땅을 되찾으려고 자주 공격해 왔거든. 계속되는 여진의 공격에 고려군의 피해도 점점 커져 갔어. 여진은 한편으로 고려에 사신을 보내 이 땅만 돌려주면 더 이상 고려를 침범하지 않겠다고 약속했지. 고려 조정의 생각도 차츰 땅을 돌려주는 쪽으로 기울었어.

"동북 9성은 천리장성 밖이라 땅을 지키는 것만으로도 힘이 듭니다. 그냥 돌려주지요."

결국 고려는 동북 9성을 여진에게 돌려주고 말았어. 윤관과 별무반이 힘들게 싸워 얻은 영토를 다시 잃어버린 셈이었지. 그래도 이렇게 해서 고려의 국경에는 다시 평화가 찾아오게 되었어.

 낱말 체크

★**약탈** 폭력을 써서 남의 것을 억지로 빼앗는 것.

★**기병** 말을 타고 싸우는 병사.

★**보병** 걸어서 이동하며 싸우는 병사.

 「척경입비도」

「척경입비도」는 '국경을 개척하고 비석을 세우는 그림'이라는 뜻이야. 윤관이 동북 9성을 쌓고 비석을 세우는 장면을 상상해서 그렸어.

동북 9성

천리장성 너머 노란색 영역이 윤관이 개척한 동북 9성이 있던 곳이라고 해. 다만 학자마다 동북 9성의 위치를 다르게 보아서 그 정확한 위치를 알기는 어려워.

맞는 것 고르기

1 윤관은 여진과의 전쟁에 대비해 (**별무반**/별난반)을 만들었어.

2 윤관은 여진을 정벌하고 (**동북**/강북) 9성을 개척했어.

고려 시대

57 벽란도, 고려 제일의 무역항

#벽란도 #무역항
#아라비아 상인 #코리아
#코리아이름을전세계에

고려의 수도였던 개경 근처에는 예성강이 흘렀지. 이 예성강 끝에는 **벽란도**라는 항구가 있었어. 벽란도는 개경과도 가까웠고 물이 깊어 배가 오가기 쉬웠어. 그래서 사람들이 외국과 고려를 오갈 때면 꼭 들르게 되는 곳이었어. 자연히 벽란도에는 외국 사신이나 상인, 그리고 외국인들과 거래하려는 고려인들이 모여들었지. 벽란도는 언제나 많은 사람으로 붐비는 활기찬 국제 무역항이었어.

"송나라에서 들여온 귀한 비단 팝니다! 구경 한번 해 보세요!"

벽란도에는 여러 나라의 상인들이 모였어. 그중에 가장 많은 것은 중국 송나라의 상인들이었지. 송나라 상인들은 비단, *약재, 책, 도자기 등을 고려에 가지고 와서 팔았어. 대부분 비싼 사치품이라 고려의 지배층이 많이 사 갔지. 송나라 상인들은 고려에서 금, 은,

*나전 칠기, 돗자리, 인삼, 종이, 먹 등을 사 갔어. 고려 사람들이 손재주가 좋았는지 수공업품이 인기가 많았대.

당시 일본과는 거의 교류가 없었지만, 가끔 교역을 위해 고려를 방문하는 일본인도 있었어. 거란(요)이나 여진(금)과는 바다보다는 육지로 교류했어. 이들 나라로부터는 은, 동물의 털가죽, 말 등을 받고 대신 농기구, 곡식 등을 건네주었지.

이렇게 가까운 나라만이 아니라 멀리 서아시아의 **아라비아 상인**이 벽란도를 통해 고려를 드나들기도 했어. 아라비아 상인들은 고려에서 귀한 *수은이나 *향료를 가져와 팔고 고려의 상품을 사 갔어.

"오오, 이게 그 유명한 고려 도자기, 고려청자로군요!"

외국에서 우리나라를 부를 때 쓰는 **코리아**라는 이름이 생긴 것도 이때부터야. 아라비아 상인들이 고려를 '꼬레아'라고 부르기 시작한 게 처음이지. 이것이 영어식으로는 '코리아(Korea)'가 된 거야.

이처럼 고려는 세계 여러 나라와 교류한 국제적인 나라였어. 고려는 이러한 교류의 영향을 받으며 화려한 문화를 꽃피웠지.

낱말 체크

★**약재** 약의 재료.

★**나전 칠기** 윤이 나는 조개껍데기를 붙이고 옻칠한 통이나 상자 등의 공예품.

★**수은** 상온에서 액체 상태로 있는 은백색의 금속.

★**향료** 향기를 내는 데 쓰는 물질.

거울에 새겨진 고려 무역선

고려 시대에 청동으로 만든 거울이야. 거울 뒷면에 바다를 항해하는 고려 무역선의 모습이 새겨져 있어.

무역선

고려 시대의 무역 고려 때 주변 나라들과 거래했던 상품에는 무엇이 있었는지 볼까?

맞으면 O, 틀리면 X

1 벽란도는 송나라의 국제 무역항이었다.

2 벽란도에는 멀리 아라비아의 상인들도 찾아왔다.

 **고려 시대 1126년**

58 이자겸의 난, 고려를 뒤흔들다

#문벌 #이자겸
#척준경 #인종
#외할아버지가장인이라고?

고려 시대에 지위가 높은 관리의 자손들은 과거를 보지 않고도 관직에 오를 수 있었던 것 기억나니? 음서라는 제도 덕분이었지. 5품 이상 관리의 자손들이 그 혜택을 받았어. 이처럼 지위가 높은 관리들은 결혼도 비슷한 지위의 집안하고만 하려고 했지. 그러다 보니 시간이 흐르면서 차츰 오래도록 높은 지위의 관직을 차지하는 힘 있는 가문이 생겨났어. 이런 가문을 *문벌이라고 불러.

문벌 중에서도 몇몇 가문은 왕실과의 결혼을 통해 세력을 키웠어. 왕이 아니라면 왕과 결혼하는 것이 권력을 얻는 가장 좋은 방법이었겠지? 그 대표적인 인물이 바로 **이자겸**이야. 이자겸은 자신의

딸을 당시 고려의 왕 예종과 결혼하게 했어. 왕의 장인이 된 이자겸은 엄청난 권력을 휘둘렀지. 이자겸은 왕이 바뀌어도 자신의 권력을 유지하고 싶었어.

"그래! 다음 왕에게도 내 딸을 시집보내야겠다!"

이자겸은 자신의 외손자인 인종과 자신의 다른 딸들을 결혼시켰어. 인종은 자신의 이모들과 결혼한 거야. 이자겸은 인종의 외할아버지이자 장인이 되었어.

그런데 사람의 욕심은 끝이 없나 봐. 이자겸은 왕실의 *외척으로 큰 권력을 누렸으면서 그보다 더한 권력을 바라게 되었어.

"왕도 내 말에 꼼짝 못 하는데, 그냥 내가 왕이 되면 어때?"

이자겸의 끝없는 욕심이 두려워진 인종은 그를 몰아내고 싶었어. 하지만 이자겸은 *당대 최고의 무장인 척준경과 사돈을 맺어 무력도 장악하고 있었지. 게다가 인종의 생각을 눈치챈 이자겸은 먼저 반란을 일으켜 인종을 가둬 버렸어.

위기에 빠진 인종은 척준경에게 접근했어. 그리고 이자겸과 척준경 사이를 이간질했지. 안 그래도 은근히 이자겸이 자신을 무시한다고 생각하던 척준경은 결국 화가 나서 이자겸과 싸워 그를 붙잡아 버렸어. 이렇게 이자겸의 천하는 허무하게 끝이 나 버렸지.

낱말 체크
★**문벌** 대대로 내려오는 그 집안의 사회적 신분이나 지위.
★**외척** 어머니 쪽의 친척.
★**당대** 어떤 이가 살고 있던 그 시대.

고려 최고의 무장 척준경

척준경은 원래 윤관의 여진 정벌 때 크게 활약했던 장수였어. 고려군이 여진의 공격으로 큰 위기에 빠졌을 때 홀로 나서 적의 여러 장수를 쓰러뜨리기도 했고, 윤관을 죽을 위험에서 구해 주기도 했어. 옛 역사책에서는 당시 척준경의 무예와 전투에서의 활약이 엄청났다고 전하고 있어.

❓ 왕실과 혼인해 권력을 얻다

이자겸이 속했던 경원 이씨 가문은 수십 년 동안이나 왕실과 혼인을 맺어 가며 권력을 누릴 수 있었어. 특히 이자겸은 예종과 인종 두 임금에게 딸을 셋이나 시집보내며 권력을 움켜쥐었지.

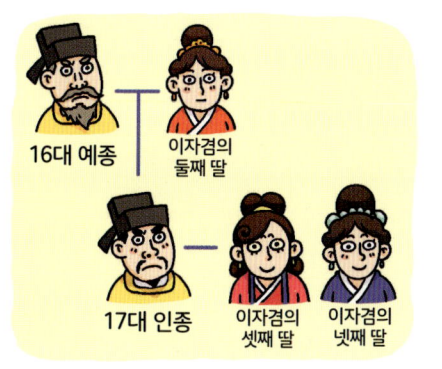

쏙쏙 퀴즈 맞는 것 고르기

1 높은 관직을 오래 차지하는 힘센 가문을 (문벌/왕벌)이라고 한다.

2 (이자겸/척준경)은 딸을 왕과 결혼시켜서 큰 권력을 누렸다.

고려 시대 **1135년**

59 묘청, 서경 천도를 주장하다

#묘청 #서경 천도 운동
#김부식 진압
#서경에땅사놨는데ㅠㅠ

이자겸의 난으로 고려 왕실의 위엄은 땅에 떨어졌어. 이때 서경 출신의 신하들이 인종에게 **묘청**이란 승려를 소개해 주었어. 묘청은 **풍수지리**를 잘 알기로 유명한 사람이었어. 풍수지리는 땅의 기운이 사람의 행복이나 성공에 영향을 준다고 생각해서 산이나 강의 위치를 보고 기운이 좋은 땅을 찾는 것을 말해.

"왕실에 위기가 온 것은 개경 땅의 기운이 약해졌기 때문입니다. **서경**으로 수도를 옮기면 나라가 평안해지고, 금나라를 비롯한 많은 나라가 고려에 항복해 올 것입니다!"

묘청과 서경 출신의 신하들은 인종에게 서경으로 *천도할 것을 권했어. 인종은 그 말에 솔깃했어. 그렇지 않아도 개경 문벌들의 입

김으로 개경이 지긋지긋했거든. 이자겸의 난 때 개경의 궁궐이 불타기도 했고 말이야. 인종은 서경에 궁궐을 짓기 시작했지.

하지만 수도를 옮기는 건 쉬운 일이 아니었어. 궁궐을 지으려면 수많은 백성이 힘든 공사에 참여해야 해. 백성들이 좋아할 리 없었지. 개경에 살던 신하들도 격렬하게 반대했어. 특히 개경 세력을 대표하는 신하였던 **김부식**은 풍수지리를 믿을 수 없다고 비판했어.

개경 세력의 반대가 심해지자 수도를 옮기려던 인종의 마음도 식어 버렸어. 일이 틀어지자 묘청과 서경 세력은 반란을 일으켰지.

"서경을 수도로 삼아 새 나라를 세우겠다!"

인종은 김부식에게 반란군을 *토벌할 것을 명했어. 김부식은 먼저 개경에 남아 있던 서경 출신 신하들을 없앤 뒤 군대를 이끌고 서경으로 향했어. 반란을 진압하러 군대가 오고 있다는 소식이 전해지자, 반란 세력도 *동요했어. 반란에 동참했던 여러 성은 하나둘씩 무너졌지. 묘청은 부하였던 조광에게 죽임을 당하고 말았어.

"묘청을 죽였으니 항복하면 내 목숨은 살려 주겠지."

그러나 고려 조정은 조광의 항복을 받아들이지 않았어. 조광은 어쩔 수 없이 저항을 계속했지만 결국 김부식이 이끄는 *정부군에 무릎을 꿇고 말았지. 이렇게 서경 천도 운동은 막을 내렸어.

낱말 체크

★**천도** 도읍을 옮김.
★**토벌** 무력으로 쳐 없앰.
★**동요** 흔들리거나 불안한 것.
★**정부군** 정부에 딸린 군대.

김부식

개경 세력을 대표했던 김부식은 유교 사상에 따라 이치에 맞게 행동해야 한다고 생각했어. 묘청은 고려가 서경으로 천도하면 힘센 금나라도 정벌할 수 있다고 주장했지. 하지만 김부식은 오히려 고려가 힘센 금나라를 섬겨야 한다고 생각했어. 김부식은 역사책 『삼국사기』를 쓴 학자로도 유명해.

묘청 반란군의 세력 범위

묘청이 반란을 일으키자, 서경을 중심으로 서북 지방의 백성들이 반란에 동참했어. 지도에서 어둡게 칠해진 부분이 반란군의 세력 범위야.

구분	서경 세력	개경 세력
중심 인물	묘청, 정지상	김부식
수도	서경 천도	개경 유지
대외 정책	금 정벌	금에 사대

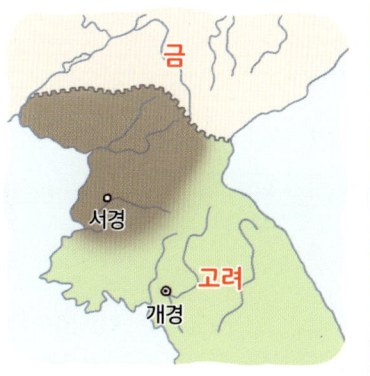

쏙쏙 퀴즈 — 맞으면 O, 틀리면 X

1. 묘청은 서경에서 개경으로 수도를 옮기자고 주장했다.

2. 묘청의 반란을 진압한 정부군을 이끈 사람은 김부식이다.

고려 시대 1170년

60 무신들이 난을 일으키다

#무신 정변 #정중부
#최충헌 #최씨 정권
#문신들적당히했어야지

군사에 관련된 일을 담당하는 신하를 **무신**, 정치와 학문 등 군사와 관련 없는 일을 하는 신하를 **문신**이라고 해. 평화로운 시기에 나라를 다스리는 신하는 주로 문신들이지. 고려는 원래부터 무신보다는 문신에 대한 대우가 좋았던 나라야. 전쟁에 나가 싸우는 건 무신인데도 총사령관은 문신이 맡았을 정도였지. 서희, 강감찬, 윤관, 김부식 등 우리가 아는 유명한 지휘관들도 알고 보면 모두 문신이야.

고려의 무신들은 문신들에게 무시당하기 일쑤였어. 왕과 문신들이 신나게 잔치를 벌일 때 무신들은 그들을 호위하며 그저 노는 것을 지켜봐야 했지. 당연히 무신들의 불만이 커져만 갔어.

1170년 의종 때의 일이야. 하루는 의종이 보현원이란 곳으로 나들이를 갔어. 그곳에서 무신들에게 무술 대결을 시키고 그 모습을

문신들과 함께 구경했지. 그런데 나이 많은 대장군 이소응이 젊은 무신과 대결하다 지쳐서 그만 넘어져 버린 거야. 그러자 젊은 문신 한 명이 갑자기 이소응의 뺨을 후려갈기며 비웃었어.

"대장군이 고작 어린 장수에게 지다니! 부끄러운 일이로군!"

어이없는 광경에 화가 난 무신들은 부들부들 몸을 떨었어.

'나이도 관직도 한참 아래인 놈이 감히 대장군을 때리다니…!'

정중부를 비롯한 무신들은 밤이 깊어지기를 기다렸어. 그리고 밤이 되자 ★정변을 일으켜 문신들을 모조리 죽여 버렸어. 그동안 참아 왔던 분노가 마침내 폭발한 거야. 무신들은 의종도 쫓아내고 그의 동생을 왕으로 세웠어. 이 사건을 **무신 정변**이라고 해.

그로부터 약 100년 동안 무신들이 고려의 정치를 좌지우지했어. 이 기간의 ★정권을 무신 정권이라고 불러. 무신들은 나라나 백성을 걱정해서 정변을 일으킨 게 아니었어. 오히려 그동안의 서러움을 다 보상받으려는 듯 백성을 더 ★수탈하고 못살게 굴었지. 또 권력을 차지하기 위해 자기들끼리도 싸움을 계속했어.

이러한 싸움을 정리한 게 **최충헌**이야. 최충헌은 무신이었지만 나라를 잘 다스리려면 문신이 필요하다는 걸 알았어. 그래서 문신들을 적절히 잘 활용했어. 덕분에 최충헌의 권력은 아들과 그 자손들에게까지 이어졌고, **최씨 정권**은 4대에 걸쳐 약 60년 동안이나 지속되었지.

낱말 체크

★**정변** 반란·혁명·쿠데타처럼 정치 권력 관계가 갑자기 바뀌는 것.

★**정권** 정부를 구성해 정치를 행하는 권력.

★**수탈** 옳지 않은 제도를 이용해서 힘이 약한 사람들의 가진 것을 빼앗는 짓.

농민과 천민의 저항

무신 정권이 들어서고 무신들끼리의 권력 다툼이 계속되자 나라 전체가 혼란에 빠졌어. 무신 권력자들이 백성을 수탈하는 일도 심해졌지. 참다못한 농민들과 천민들은 곳곳에서 난을 일으켰어. 개경에서는 최충헌의 노비 만적이 신분 차별을 없애자며 난을 일으키려다 사전에 발각돼 죽임을 당하기도 했어.

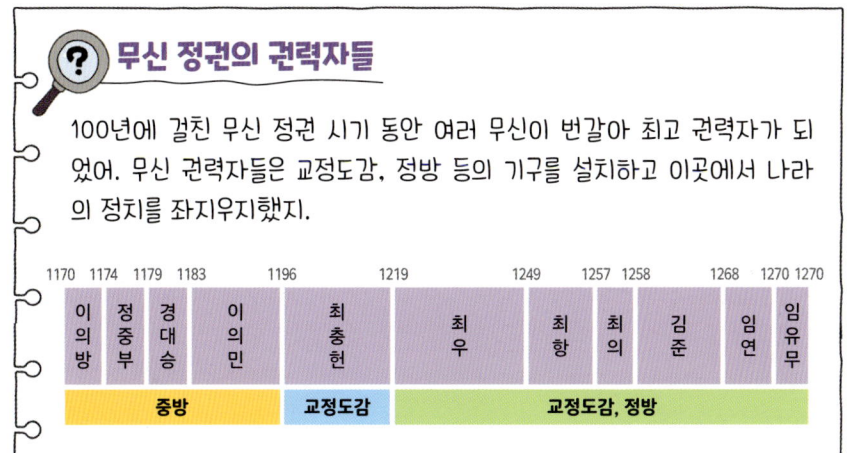

무신 정권의 권력자들

100년에 걸친 무신 정권 시기 동안 여러 무신이 번갈아 최고 권력자가 되었어. 무신 권력자들은 교정도감, 정방 등의 기구를 설치하고 이곳에서 나라의 정치를 좌지우지했지.

1170	1174	1179	1183	1196	1219	1249	1257	1258	1268	1270	1270
이의방	정중부	경대승	이의민	최충헌	최우		최항	최의	김준	임연	임유무
중방				교정도감	교정도감, 정방						

쏙쏙 퀴즈 — 맞는 것 고르기

1 고려에서 차별을 받던 (문신/**무신**)들이 정변을 일으켰다.

2 (**최씨**/정씨) 정권은 문신을 활용하면서 정권을 이어 갔다.

고려 시대 1231년

61 몽골이 고려를 침략하다

#몽골 침략 #강화 천도
#승려 김윤후 활약
#승려도싸우는데무신들은?

고려에 무신 정권이 들어섰을 때, 중국 북쪽의 몽골 땅에서는 칭기즈 칸이 여러 부족을 모아 나라를 세웠어. **몽골**은 날쌔고 강한 군대를 이끌고 중국은 물론 멀리 서역까지 정복해서 세계 역사상 가장 거대한 제국을 건설했어. 몽골은 고려에게도 복종을 강요했지만 고려가 시큰둥한 반응을 보이자 바로 군대를 이끌고 쳐들어왔지.

처음에는 박서가 이끄는 고려군이 귀주성에서 몽골군을 물리치기도 했어. 그러자 몽골군은 방법을 바꿨지. 다른 곳은 놔두고 재빨리 이동해 개경을 포위해 버린 거야. 고려 조정은 어쩔 수 없이 몽골에 항복의 뜻을 전했어.

하지만 당시 정권을 이끌던 최우는 진심으로 항복할 생각은 없었어.

"**강화도**로 수도를 옮기자. 몽골은 땅에서만 강할 뿐 물에서는 약해."

🔍 몽골의 침략

몽골의 침략 당시 고려 조정은 강화도로 피신했지만, 전국이 전쟁터가 되었어. 이때 초조대장경, 황룡사 9층 목탑 등 귀중한 문화재도 몽골군에 의해 불에 타 버렸어.

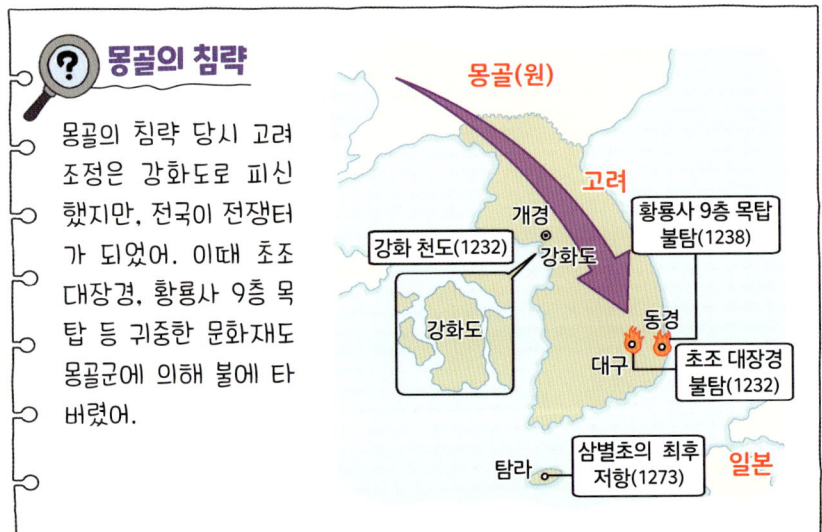

그러자 몽골군이 다시 고려에 쳐들어왔어. 예상대로 몽골군은 쉽사리 바다를 건너 강화도를 공격하지 못했어. 대신 화풀이를 하듯 고려 땅 곳곳을 짓밟고 불태웠지. 백성들은 스스로 일어나 싸워야 했어. 승려였던 **김윤후**는 처인성(경기 용인)에서 백성들을 이끌고 몽골군과 싸워 적의 장수를 없애는 성과를 거두기도 했어.

"우리 마을은 우리가 지키자! 몽골군을 물리쳐라!"

강화도의 고려 조정은 부처님의 힘으로 적을 물리치겠다면서 부처님의 말씀을 새긴 팔만대장경을 만들었어. 그러는 중에도 몽골군은 계속해서 고려에 쳐들어왔지. 28년 동안 무려 9차례나 침입했어.

그러다 최씨 정권이 무너지면서 고려의 저항도 결국 끝나게 되었어. 고려의 원종은 태자를 몽골에 보내 항복했어. 무신 정권의 특별 부대인 **삼별초**만이 남아서 계속 몽골군에 저항했지만 결국 제압당했지.

이후 고려는 사사건건 몽골에게 간섭당하는 굴욕을 100년 넘게 겪게 돼. 고려 왕도 몽골이 임명할 정도였지. 몽골이 나중에 나라 이름을 **원**으로 바꾸기 때문에 이 시기를 원 간섭기라고 해.

삼별초

삼별초는 최씨 정권의 권력자 최우가 자신을 지키기 위해 만든 부대에서 출발했어. 삼별초는 고려 조정이 몽골에 항복한 뒤에도 진도와 제주도로 이동해서 몽골군과 계속해서 싸웠어. 하지만 결국 고려와 몽골 연합군에게 진압되고 말았지.

쏙쏙 퀴즈 맞으면 O, 틀리면 X

1 최씨 정권은 수도를 강화도로 옮겨서 몽골에 저항했다.

2 고려 조정이 몽골에 항복할 때 삼별초도 같이 항복했다.

고려 시대 원 간섭기

62 몽골풍과 고려양, 원 간섭기 문화

#원 간섭기 #공녀
#몽골풍 #고려양
#몽골싫은데호떡은좋음

원 간섭기에 고려와 원나라(몽골) 사이에는 많은 사람이 오갔어. 우선 고려는 다음 왕이 될 왕자를 원나라에 *인질로 보내야 했어. 고려의 왕자들은 어린 시절을 원나라에서 보냈기 때문에 원나라 문화가 친숙했지.

또 고려는 많은 수의 **공녀**를 원나라에 바쳐야 했어. 공녀는 작은 나라가 강대국에 바치던 젊은 여성을 말해. 이 때문에 고려에서는 딸들을 머나먼 원나라에 보내기 싫어 어린 나이에 결혼시키는 풍습이 생기기도 했지.

원나라 사람들이 고려로 오는 경우도 많았어. 원나라에서 고려를 감시하고 고려 정치에 간섭하기 위해 관리들을 보냈거든.

이처럼 고려와 원나라는 100년 넘게 많은 사람이 오가면서 밀접

하게 교류했어. 그러다 보니 서로의 문화에도 영향을 주고받았어. 그 중 고려에 전해진 원나라 문화를 **몽골풍**이라고 해. 몽골풍은 고려의 의복, 음식, 언어 등 다양한 분야에 영향을 주었어.

우리나라 전통 결혼식을 보면 신부가 족두리를 쓰고 얼굴에 빨간 연지곤지를 찍는데, 이게 원래 원나라에서 온 풍습이야. 아예 몽골식 머리 모양인 변발을 하거나 몽골식 옷을 입는 사람도 있었지.

우리가 즐겨 먹는 만두와 호떡도 이때 들어왔어. 동물의 뼈를 물에 삶아 끓여 먹는 설렁탕도 원나라에서 전해진 거야.

원나라 말도 우리말에 영향을 주었어. 우리말 가운데 '벼슬아치', '장사치' 뒤에 붙는 '치'라는 단어, 궁중에서 쓰던 ★'마마', ★'수라', '마누라' 같은 단어는 모두 원나라 말에서 온 거야. '노새', '보라매', '송골매' 같은 동물 이름도 마찬가지지. 의외로 꽤 많지?

반대로 원나라에서 유행한 고려 문화는 **고려양**이라고 했어. 원나라 사람들은 고려의 옷인 두루마기를 즐겨 입었다고 해. 또 밀가루를 꿀물에 반죽해 기름에 튀긴 타래과나 전병 같은 음식도 전해졌어. 고려의 보쌈, 생채(나물 무침)도 인기였대.

이처럼 원 간섭기 동안 고려는 원나라의 간섭을 받아야 했지만, 다른 한편으로는 원나라와 교류하며 문화적으로 영향을 주고받았어.

낱말 체크

★**인질** 약속을 지키도록 하기 위해 대신 잡아 두는 사람.

★**마마** 옛날에 임금이나 그 가족들을 높여 부르던 말.

★**수라** 임금이 식사 때 먹는 음식.

수령 옹주의 묘지명

'묘지명'은 돌판에 새긴 무덤 주인에 관한 이야기를 말해. 수령 옹주의 묘지명에 따르면, 수령 옹주는 하나뿐인 딸이 원나라에 공녀로 끌려가자 슬퍼하다가 그만 병들어 죽고 말았대. 수령 옹주는 고려 왕족의 부인이었는데, 이처럼 원나라로 끌려가는 공녀 중에는 왕족의 자식도 있었어.

그림에 나타난 몽골식 머리

이 그림은 고려 공민왕이 그렸다고 알려진 「천산대렵도」의 일부야. 그림 속 말을 타고 사냥하는 남자는 몽골식 머리(변발)와 옷차림을 하고 있어.

쏙쏙 퀴즈 맞는 것 고르기

1 고려의 왕이 될 왕자는 (고려/원나라)에서 어린 시절을 보냈다.

2 원나라에서 유행한 고려의 문화를 (몽골풍/고려양)이라고 한다.

고려 시대 14세기 중반

63 공민왕, 개혁 정치를 펼치다

#권문세족 횡포
#공민왕 개혁 #신돈
#사랑해요노국대장공주♡

원 간섭기에는 원나라에 기대어 권력을 얻고 백성을 괴롭히는 자들이 생겨났어. 이들과 힘 있는 문벌·무신 세력을 합쳐 **권문세족**이라고 해.

이러한 고려를 개혁하고자 한 왕이 **공민왕**이야. 공민왕도 어려서는 원나라에 살며 원나라 공주와 결혼해야 했어. 하지만 마음속으로는 고려로 돌아와 나라를 개혁할 날을 손꼽아 기다리고 있었지.

공민왕이 고려로 돌아왔을 때는 마침 원나라 곳곳에서 반란이 일어나고 있었어. 원나라의 간섭에서 벗어날 *절호의 기회가 온 거야.

"앞으로 원나라의 풍습을 따르는 것을 모두 금지한다!"

공민왕은 원나라의 간섭을 받기 이전의 고려로 돌아가려고 했어.

그래서 원나라식 머리 모양이나 옷차림을 금지했지. 원나라가 고려의 정치에 간섭하기 위해 만든 기구도 몰아냈어. 또 원나라에게 빼앗겼던 쌍성총관부를 회복하고 영토를 북쪽으로 더욱 넓혔지.

"이걸로는 부족해. 백성들을 위한 개혁이 필요해!"

공민왕은 신돈이라는 스님에게 개혁을 이끌도록 했어. 신돈은 공민왕의 뜻에 따라 개혁 정책을 밀어붙였지. 권문세족이 ★강탈한 백성들의 땅을 돌려주고, 억울하게 노비가 된 사람들을 풀어 주기도 했어. 당연히 권문세족들의 반발이 엄청났지. 그러자 원나라에서 공민왕과 결혼했던 노국 대장 공주가 공민왕을 지켜 주었어.

"누가 감히 왕의 뜻을 어기는 겁니까!"

원나라 공주가 나서자 아무도 토를 달지 못했지. 노국 대장 공주는 비록 원나라 공주였지만 공민왕을 진심으로 사랑하고 응원했던 거야. 그런데 그런 노국 대장 공주가 아이를 낳다 그만 세상을 떠나고 말았어. 공민왕에게는 마른하늘에 날벼락 같은 소식이었지.

공민왕은 모든 의욕을 잃고 슬퍼하기만 했어. 개혁을 반대하던 신하들은 이때를 놓치지 않고 공민왕과 신돈 사이를 이간질했어. 결국 신돈은 제거되었고 개혁은 실패로 끝나고 말았지.

외적의 침입도 고려의 개혁이 어려웠던 이유가 되었어. 북쪽에서는 홍건적이 나타나 고려를 침입했고, 남쪽에서는 해적인 왜구들이 기승을 부렸지. 이처럼 나라가 안팎으로 혼란하고 개혁도 ★지지부진해진 가운데, 공민왕은 불만을 가진 신하들에게 죽임을 당하고 말았어.

낱말 체크

★**절호** 기막히게 좋은 상태.

★**강탈** 강제로 빼앗는 것.

★**지지부진하다** 매우 더디어서 일이 잘 진행되지 않다.

홍건적의 침입

홍건적은 원래 원나라의 반란 세력이었어. 붉은 두건을 머리에 둘렀다고 해서 홍건적이라는 이름이 붙었지. 홍건적 중 일부는 원나라의 공격을 피해 달아나다 고려를 침략했는데, 그 규모가 10만이나 되었대. 이때 공민왕은 홍건적을 피해 개경을 떠나 지금의 경상북도 안동까지 피란해야 했어.

❓ 공민왕과 노국 대장 공주

공민왕과 노국 대장 공주를 그린 그림이야. 공민왕과 노국 대장 공주는 서로 다른 나라에서 태어나서 정치적인 이유로 결혼했어. 하지만 결혼 후에는 누구보다 서로를 잘 이해하고 아끼는 사이가 되었지.

쏙쏙 퀴즈 | 맞으면 O, 틀리면 X

1 권문세족은 원나라에 반대하는 정책을 펼치려고 했다.

2 노국 대장 공주는 공민왕의 개혁을 지지했다.

고려 시대 14세기 중반

64 신진 사대부, 성리학으로 무장하다

#성균관 #성리학
#신진 사대부
#권문세족불교다맘에안듦

고려 시대 사람들이 믿던 종교는 불교였어. 하지만 나라를 다스리는 데는 유학을 많이 이용했지. 공민왕이 고려를 개혁하려고 했을 때 그 방법 중의 하나가 지금의 국립 대학에 해당하는 **성균관**에서 학자들을 키우는 것이었어. 공민왕은 성균관에서 유학을 전문적으로 공부한 인재를 기르고 싶었던 거야.

성균관의 학자들이 주로 연구했던 것은 유학 중에서도 **성리학**이었어. 성리학은 고려 말 원나라에서 들어온 유학의 한 갈래야. 간단히 말하면 세상이 어떤 원리로 이루어져 있는지, 사람은 어떻게 살아야 하며, 또 어떻게 하면 나라를 잘 다스릴 수 있는지를 연구하는 학문이지.

공민왕이 세상을 떠난 뒤 성균관에서 성리학을 공부했던 학자들을 중심으로 새로운 정치 세력이 등장했어. 이들을 ★신진 사대부라고 해. 이들은 학자인 동시에 관리였지. 대표적인 인물로 정몽주, 정도전 등이 있었어.

고려 말의 신진 사대부들은 백성들을 괴롭히는 힘 있는 **권문세족**들을 비판했어. 권문세족들이 권력을 이용해 백성들의 땅을 빼앗으면서 백성들은 점점 땅을 잃고 굶주림에 고통받고 있었거든.

신진 사대부들은 **불교**도 못마땅해했어. 불교는 고려 왕실에서도 굉장히 중요하게 생각하던 종교였지. 그만큼 불교는 고려 사람들의 생활 곳곳에 깊숙이 스며들어 있었어. 하지만 그 결과 절과 승려는 지나치게 큰 힘과 재산을 갖게 되었고, 그 부담은 일반 백성들이 짊어졌지.

"백성들을 괴롭히는 권문세족와 승려들을 처벌하십시오. 이제 성리학에 따라 나라를 올바르게 다스릴 때입니다!"

신진 사대부들은 불교 대신 성리학을 바탕으로 나라를 다스리면서 사회 문제를 해결하고 백성의 삶을 좀 더 나아지게 만들 것을 주장했어. 하지만 생각과 주장만으로 세상을 바꿀 수는 없겠지? 권문세족들과 승려들이 힘을 쥐고 있는 한 고려 사회는 바뀔 수 없었어. 신진 사대부들은 자신들이 생각하는 개혁을 이루기 위해서 실질적인 힘이 필요했어.

낱말 체크

★**신진** 어떤 분야에 새로 나아가는 것.

★**사대부** 평민과 구분되는 신분이 높은 양반을 이르는 말.

이색

고려 말의 성리학자야. 공민왕 때 성균관 대사성, 지금으로 치면 대학 총장이 되어 정몽주, 정도전 등 많은 학자들을 키워 냈어.

개성 성균관

국자감, 국학, 성균감 등으로 불리다 고려 말에 성균관이라는 이름으로 바뀌었어. 공민왕 때에는 성균관의 건물을 새로 짓고 성리학 연구를 지원했지. 오른쪽은 북한 개성에 있는 성균관 건물로 조선 중기에 다시 지은 거야.

쏙쏙 퀴즈 맞으면 O, 틀리면 X

1 고려 말 성리학을 공부한 정치 세력을 신진 사대부라고 한다.

2 신진 사대부들은 고려의 권문세족과 승려들을 지지했다.

고려 시대 1392년

65 정몽주, 고려의 충신으로 남다

#정몽주
#성리학자 #외교관
#백번죽어도고려의충신

고려 말 신진 사대부를 대표하는 사람 가운데 **정몽주**가 있어. 정몽주는 여러모로 뛰어난 사람이었지. 그는 우선 **뛰어난 성리학자**였어. 그의 성리학 강의는 모든 사람이 감탄을 자아낼 만큼 훌륭했어. 정몽주는 성리학을 가르치는 지방 교육 기관인 향교를 세우기도 했고, 법을 다루는 데도 뛰어나서 고려의 법률을 다듬기도 했지.

정몽주는 힘 있는 *권세가들을 비판하는 데에도 망설임이 없었어. 그러다 보니 그를 미워하는 권세가들이 많았지. 한번은 왜구가 고려에 침입해 많은 백성을 일본으로 붙잡아 간 일이 있었어. 정몽주를 미워한 권세가들은 정몽주를 일본에 사신으로 보내 그 문제를 해결하도록 했어. 당시에는 일본에 간 고려의 관리들이 붙잡혀 고난을 당하기 일쑤였거든. 하지만 정몽주는 기죽지 않았어.

"왜구가 기승을 부리면 일본도 피해를 입을 것이오."

정몽주는 당당한 태도로 일본의 관리를 설득해 왜구를 토벌하겠다는 약속을 받아 냈어. 붙잡혀 간 고려 백성들도 무사히 데려왔지. 이처럼 정몽주는 **훌륭한 외교관**으로서 자신의 능력을 보여 줬어.

정몽주를 비롯한 신진 사대부들은 성리학을 바탕으로 고려를 개혁하려고 했어. 그런데 나라를 어떻게 개혁할 것인지에 관해서는 입장의 차이가 있었어. 어떤 사람들은 아예 새 나라를 세우고 싶어 했지. 이들은 백성들에게 인기가 높았던 이성계 장군을 새 나라의 지도자로 점찍었어. 하지만 정몽주와 같은 사람들은 고려의 틀 안에서 문제를 해결하고 싶어 했어.

개혁에 대해 서로 다른 생각을 지닌 이들 사이의 갈등은 점점 커졌어. 하루는 정몽주가 사냥하다가 다친 이성계에게 *병문안을 온 일이 있었어. 이때 이성계의 다섯 째 아들 이방원은 정몽주에게 슬쩍 시를 읊으며 자신들의 편에 설 것을 요구했어.

"이런들 어떻고 저런들 어떻습니까. 백성이 잘살면 그만이지요."

"이 몸이 백번을 죽어 뼈까지 사라진대도 고려를 향한 내 충성심은 변하지 않을 것이오!"

이방원은 정몽주를 설득할 수 없다는 걸 깨달았어. 그래서 정몽주가 돌아가자 곧장 부하를 시켜 정몽주를 죽여 버렸지. 고려의 충신으로 남고자 했던 정몽주가 1392년 죽음을 맞이하면서 고려의 운명도 저물어 갔어.

낱말 체크

★**권세가** 정치적으로 큰 권력을 가진 사람

★**병문안** 병을 앓고 있는 사람을 찾아가 위로하는 일.

정몽주

조선 후기에 그려진 정몽주의 초상화야. 정몽주는 고려의 충신이었지만, 조선 시대 사람들도 그의 충성심을 존경하고 기렸어.

정몽주의 묘

경기도 용인에 있는 정몽주의 무덤이야. 정몽주의 무덤을 옮길 때, 그의 명정(죽은이의 관직과 성씨를 쓴 갓발)이 바람에 날아가 지금의 무덤 자리에 떨어져 이곳에 무덤을 만들었다고 해.

쏙쏙 퀴즈 맞는 것 고르기

1. 정몽주는 고려 대신 새 나라를 세우는 것을 (반대/찬성)했다.

2. 정몽주를 견제하여 그를 죽인 사람은 (이성계/이방원)이다.

고려 시대

66 고려 시대 가족 제도

#남녀가 동등한 지위
#일부일처제
#양성평등의원조는고려!

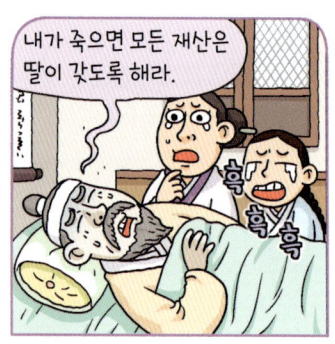

고려 시대의 가족은 어떤 모습이었을까? 고려 시대의 가족은 지금과 비슷하게 대부분은 부부와 자식으로 이루어진 소가족이었어. 그리고 자식들이 결혼하면 그 부부는 여자의 집에서 같이 사는 경우가 더 많았대. 그리고 가족 안에서 남성과 여성의 지위에 차이가 없었지. 이를 잘 보여 주는 이야기가 있어.

고려 고종 때의 일이야. 경상도에 **손변**이란 관리가 있었는데, 어느 날 한 남매가 그를 찾아왔어. 남동생은 공정한 **재판**을 해서 누나가 차지한 집안의 재산을 나눠 달라고 부탁했지. 알고 보니 오래 전에 돌아가신 아버지가 누나에게만 재산을 남기고, 남동생에게는 *예복과 책만 물려줬대.

손변이 가만히 보니, 누나와 남동생이 나이 차이가 꽤 나더래. 생각 끝에 손변은 이렇게 판결했어.

"아버지의 마음이 어찌 누나에게만 치우쳤겠느냐? 아버지가 누나에게 재산을 모두 물려준 것은 남동생이 아직 어리니 누나가 남동생을 잘 돌봐 주길 바라서였을 것이다. 또 남동생에게 예복과 책을 물려준 것은 남동생이 자라서 이렇게 *소송을 해서 자기 몫을 되찾을 것이라 짐작했기 때문일 것이다."

남매는 손변의 말에 크게 깨닫고 사이좋게 재산을 나누어 가졌어. 여기에서 알 수 있는 것은 고려 시대에는 돌아가신 부모의 재산을 아들, 딸 구분 없이 똑같이 나눠 가졌다는 거야. 지금은 당연한 원칙이지만, 조선 후기만 해도 맏아들이 가장 많은 재산을 물려받았거든.

또 고려 시대에는 남편 한 명과 부인 한 명이 부부를 이루는 **일부일처제**가 보통이었다고 해. 한 남편이 여러 명의 부인을 두는 것을 일부다처제라고 하는데, 왕처럼 특별한 경우가 아니면 극히 드물었지. 남성이든 여성이든 이혼과 재혼도 전혀 문제 되지 않았어. 이혼하는 경우 남편이든 부인이든 자신이 가져온 재산을 도로 가져갔대.

이처럼 고려 시대에는 가족 안에서 **남녀가 동등한 지위**를 지녔어. 오히려 고려의 뒤를 이은 조선 시대가 되면 차츰 가족 안에서 남성이 *우대를 받고 여성은 차별받는 경우가 많아지게 되었지.

낱말 체크

★**예복** 예식을 치를 때 입는 옷.

★**소송** 법률에 따라 판결을 해 달라고 법원에 요구하는 일.

★**우대** 특별한 좋은 대우.

고모와 이모가 똑같다고?

고려 시대에는 가족을 부르는 호칭이 친가와 외가가 똑같았어. 친할아버지와 외할아버지를 모두 '한아비'라고 불렀고, 친할머니와 외할머니는 모두 '한어미'라고 불렀어. 또 고모와 이모는 모두 '아자미', 삼촌과 외삼촌은 모두 '아자비'라고 불렀어.

여성들에게 손가락질 당한 박유

고려 충렬왕 때 박유란 사람은 한 명의 남편이 부인을 여럿 둘 수 있도록 하자고 건의했어. 그렇게 하면 처녀들이 원나라 공녀로 끌려가는 것을 막을 수 있다는 것이었지. 하지만 고려의 여성들은 박유를 한목소리로 비난했어. 결국 아내를 무서워했던 재상이 반대해서 이 논의는 중단되고 말았어.

저 사람이 부인을 여러 명 두자고 했대!

쏙쏙 퀴즈 — 맞으면 O, 틀리면 X

1. 고려 시대에는 보통 남편이 여러 명의 부인을 두었다. ☐

2. 고려 시대에는 가족 안에서 남성과 여성의 지위가 동등했다. ☐

고려 시대

67 고려 시대 불교 문화

#팔관회, 연등회
#절 #불상 #석탑
#삶의모든것은불교와함께

고려는 다양한 종교와 사상을 받아들인 나라였어. 그중 특히 불교가 고려 사회와 사람들의 삶에 큰 영향을 미쳤지.

매년 열렸던 **팔관회**와 **연등회**는 고려의 가장 큰 불교 행사였어. 고려 왕실이 주도해서 궁궐에서 행사를 열었지. 이때는 귀족뿐만 아니라 여러 나라의 사신과 상인들, 그리고 일반 백성들까지 모두 참여할 수 있었어. ★연회가 끝나면 남은 음식을 백성들에게 나누어 줬기 때문에 많은 백성이 행사를 찾았어.

고려 사람들은 아기를 낳을 때도 **절**을 찾았고, 집안에 좋은 일이 있거나 나쁜 일이 있을 때도 절을 찾았지. 사람이 죽어 장례를 치를 때도 절을 찾았어. 평생을 불교와 함께했다고 할 수 있을 거야. 그

러다 보니 고려 시대의 절은 종교적인 장소였을 뿐만 아니라 그 밖의 **여러 가지 기능**을 하는 곳이 되었어.

우선 많은 사람이 절에 모여 물건을 거래했어. 마치 시장처럼 말이야. 또 고려 시대에는 절이 곳곳에 있었기 때문에 여행자들이나 집을 떠나 이동하는 사람들은 절에서 하룻밤 묵을 수 있었어. 지금으로 치면 호텔이나 여관처럼 말이야. 승려들은 재주가 많아서 물건을 만들어 팔거나 책을 옮겨 적어 지식을 퍼뜨리기도 했어.

고려 시대에는 집에 남자 형제가 많으면 그중 하나는 승려가 되는 경우도 많았어. 심지어 왕의 아들도 승려가 될 정도였지. 그래서 형제 셋 중 하나만 승려가 될 수 있다는 ★규정도 있었대.

이렇게 불교가 백성들의 삶과 가깝다 보니 고려의 지배층은 자신들의 세력을 뽐내려고 곳곳에 절을 세우고 불상과 탑을 만들었어. 그래서 고려 시대에는 다양한 불상이 만들어졌어. 철로 만든 **불상**이나 거대한 돌로 만든 개성 넘치는 불상이 여럿 만들어졌어.

석탑도 많이 만들어졌어. 신라 시대에는 3층 석탑이 많이 만들어졌다면, 고려 시대에는 각이 많고 여러 층으로 이루어진 다각 다층 석탑이 많이 세워졌어. 특히 8각 석탑이 유행했어.

이처럼 불교를 빼고서는 고려 사람들의 생활을 이야기할 수 없을 정도로 불교는 고려인들의 일상에 녹아 있었어. 지금까지 남겨진 고려 시대의 불교 유적과 유물을 통해서도 이를 확인할 수 있지.

낱말 체크

★**연회** 환영을 위해 여러 사람이 모이는 잔치.

★**규정** 어떤 일에 대하여 분명히 정해진 규칙.

평창 월정사 8각 9층 석탑

고려 시대에 만들어진 다각 다층 석탑 중 대표적인 석탑이야. 강원도 평창 월정사에 있어.

고려 시대의 불상

고려 시대에는 다양한 모양의 불상이 만들어졌어. 왼쪽은 충청남도 논산에 있는 거대한 돌로 만든 불상이고, 오른쪽은 경기도 광주의 절터에서 발견된 철로 만든 불상이야.

맞는 것 고르기

1 고려 시대에는 절이 (시장/게임방)의 기능을 하기도 했다.

2 고려 시대에는 여러 층의 (4각/8각) 석탑이 유행했다.

68 고려청자, 고려 최고의 예술

#고려청자
#비색 #상감 기법
#나도청자책상갖고싶다

고려는 공예 기술이 매우 발달한 나라였어. 여러 공예품 중에서도 가장 먼저 떠오르는 건 아름다운 **고려청자**야. 청자는 철분이 조금 섞인 흙을 빚어 불에 구워서 만든 자기야. 자기를 구울 때 안에 든 철분이 푸른 빛으로 변하기 때문에 청자라고 불러.

청자는 원래 중국에서 처음 만들기 시작했어. 그런데 고려 사람들의 예술 감각과 공예 기술이 더 뛰어났나 봐. 고려청자만의 아름다운 모양과 무늬, 빛깔이 점점 더 유명해졌거든.

"이렇게 아름다운 *비색은 처음이야!"

중국 송나라 사신인 서긍이 고려청자를 보고 감탄해 글을 남길 정도였어. 고려청자의 독특한 매력은 외국 사람들도 반하게 했던

거야.

　청자를 만드는 방법은 간단한 것 같으면서도 어려워. 우선 그릇을 만들 흙을 잘 반죽해. 그 반죽으로 원하는 모양을 만들지. 그리고 예쁜 무늬를 새겨 넣는 거야. 그 후 서늘한 그늘에서 말리면 우선 그릇의 형태는 완성이야. 이 완성된 그릇을 온도가 엄청 높고 센 불에 구워. 그러고 나서 *유약을 바른 뒤 한 번 더 구우면 돼.

　이 과정 하나하나에서 조금이라도 실수가 있으면 불에 구울 때 청자가 갈라지거나 깨져 버렸어. 특히 무늬를 새겨 넣을 때 기술이 좋지 않으면 예쁘게 만들 수 없었겠지?

　그중에서도 **상감 기법**으로 만든 청자는 다른 나라에서 흉내 낼 수 없을 정도로 뛰어났어. 상감 기법은 표면에 무늬를 새기고, 거기에 다른 색의 흙을 메워 유약을 발라 굽는 방법이야. 보통 흰색이나 검은색, 또는 붉은색 흙을 넣었어. 무늬로는 물고기나 학, 원앙, 오리 등의 동물과 국화, 모란, 버드나무, 매화 등의 식물을 새겨 넣었지.

　이처럼 아름다운 고려청자는 고려 시대 **지배층을 위한 물건**이었어. 굉장히 귀하고 값비싼 물건이었던 만큼 평범한 사람들이 사용하기는 어려웠지. 고려의 지배층은 그릇에서부터 베개, 의자, 책상, 기와 등 일상 속의 다양한 생활용품까지 청자로 만들어 사용했다고 해.

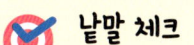

낱말 체크

★**비색** 고려청자의 빛깔과 같은 푸른 빛깔.

★**유약** 윤이 나게 하려고 도자기의 겉에 바르는 물질.

청자 상감 운학무늬 매병

운학무늬는 구름과 학으로 된 무늬를 뜻해. 흰색과 검은색의 흙을 상감법으로 채워 넣어 표현했어. 매병은 아가리가 좁고 어깨는 넓으며 밑이 홀쭉하게 생긴 병을 뜻해.

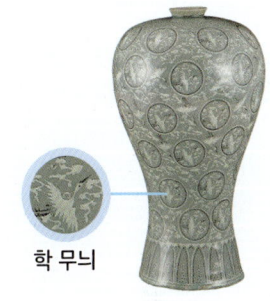

학 무늬

여러 가지 고려청자

청자 투각 칠보무늬 뚜껑 향로 　　청자 상감 모란무늬 표주박 모양 주전자 　　청자 인물형 주전자

쏙쏙 퀴즈 맞으면 O, 틀리면 X

1. 청자는 원래 고려에서 처음 만들기 시작했다. ☐

2. 상감 기법으로 만든 청자는 중국의 것이 유명했다. ☐

69 서양보다 앞섰던 인쇄 기술

#팔만대장경
#금속 활자 #직지
#고려는지식선진국!

고려 하면 **뛰어난 인쇄 기술**도 빼놓을 수 없어. 우리나라는 삼국 시대부터 인쇄 기술이 발달했어. 불국사 석가탑에서 나온 신라의 『무구 정광 대다라니경』은 세계에서 가장 오래된 *목판 인쇄물로 생각되고 있어. 그러니 신라를 이은 고려가 인쇄 기술이 뛰어난 것은 어찌 보면 당연한 일이지.

고려의 인쇄 기술을 보여 주는 대표적인 인쇄물은 **팔만대장경**이야. 대장경이란 불교에서 부처님의 말씀을 모아 놓은 경전을 말해. 고려는 외세의 침략이 있을 때 부처님의 힘으로 적을 물리치겠다는 뜻에서 목판에 글을 새겨 대장경을 만들고는 했어.

"이 고난을 이겨 낼 수 있도록 부처님의 말씀을 정성껏 새깁시다!"

우선 거란이 침입했을 때 **초조대장경**을 만들었어. 그런데 몽골의

168

침략으로 초조대장경이 불타자 다시 팔만대장경을 만들었지. 이때 제작한 경판의 수가 8만 개가 넘는다고 해서 팔만대장경이라 불러. 8만 장이 넘는 목판을 새기기 위해 무려 16년 동안 2만 명이 넘는 사람이 작업했다고 해. 정말 엄청난 작업이었겠지?

고려 후기가 되면 목판에서 한 걸음 더 나아가 **금속 활자**를 이용해서 책을 찍기 시작했어. 목판은 판에 글자를 새기면 다른 글자로 바꿀 수 없었지만, 금속 활자는 필요에 따라 활자를 끼울 수 있었거든. 그래서 하나의 책만 찍을 수 있는 목판과 달리 금속 활자는 매번 새롭게 조립해 다른 책을 만들 수 있었어. 그러니 훨씬 편리했지.

고려 우왕 때인 1377년에 금속 활자로 만든 책이 아직도 남아 있는데, 그게 바로 **『직지』**야. 서양에서는 구텐베르크라는 사람이 처음으로 금속 활자를 발명해 성경책을 인쇄했어. 그런데 『직지』는 이보다도 약 80년이나 앞서서 만들어졌지. 그러니 『직지』는 현재 세계에서 가장 오래된 금속 활자 인쇄물이야. 그 가치를 세계적으로 인정받아 유네스코 세계 문화유산으로 등록되었어.

그런데 이처럼 귀중한 『직지』는 지금 프랑스 국립 도서관에 있어. 19세기 말 우리나라가 혼란스러웠을 때 프랑스로 넘어갔던 거야. 우리나라의 귀중한 문화유산이 외국에 있다니, 참 안타까운 일이지? 언젠가 우리가 되찾아오는 날이 오면 좋겠어.

낱말 체크

★**목판** 인쇄를 하기 위해서 글이나 그림을 새긴 나무판자.

금속 활자

개성 지역에서 발견된 것으로 전해지는 고려 시대 실물 금속 활자야. 한 글자씩 끼워 사용할 수 있도록 만들어졌어.

합천 해인사 장경판전

팔만대장경이 보관된 곳이야. 대장경을 오랫동안 보관할 수 있도록 적당히 바람이 통하고, 온도나 습도가 일정하게 유지되도록 과학적으로 설계되었어. 조선 시대에 만들어진 이 장경판전 또한 그 가치를 인정받아 세계 문화유산으로 등록되었어. 경상남도 합천 해인사에 있어.

쏙쏙 퀴즈 — 맞는 것 고르기

1 몽골의 침략을 받을 때 (팔만/초조)대장경을 만들었다.

2 『직지』는 가장 오래된 (금속/나무) 활자 책이다.

다채로운 문화를 꽃피운 고려

고려의 건국과 제도 정비

고려를 세운 **왕건**은 지방 **호족**들의 지지를 얻어 후삼국을 통일했어. **광종**은 힘센 호족들을 억누르고 왕권을 강화하기 위해 **노비안검법**과 **과거제**를 실시했지. 과거제가 도입되면서 이전 시대보다 많은 사람이 관리가 될 기회를 얻게 되었어. 높은 지위의 관리들은 **음서**를 이용해 자손들에게 관직을 주기도 했지.

외적의 침입과 극복

거란(요)이 침입하자 **서희**는 적장과 담판을 벌여 **강동 6주**를 얻었어. **강감찬**은 **귀주 대첩**으로 큰 승리를 거뒀지. **여진(금)**이 국경을 어지럽히자, **윤관**은 **별무반**을 조직해 여진을 정벌하고 **동북 9성**을 개척했어. **몽골(원)**이 침입하자, 고려 조정은 강화도로 천도해 저항했어. 그러나 결국 원에 항복하게 되었어.

고려 사회의 혼란과 개혁

힘센 **문벌**이었던 **이자겸**은 왕의 자리까지 넘보았어. **묘청**은 **서경**으로 수도를 옮기자면서 난을 일으켰지. 무신에 대한 오랜 차별에 반발해 **무신 정권**이 들어서기도 했어. **원 간섭기**에는 원나라를 등에 업은 **권문세족**들이 횡포를 부렸어. **공민왕**과 **신진 사대부**들은 원의 영향에서 벗어나 여러 문제들을 개혁하려고 시도했어.

고려의 문화와 예술

고려는 주변의 여러 나라와 **교류**하며 화려한 문화를 꽃피웠어. 개경 근처의 무역항 **벽란도**는 많은 사람으로 붐볐지. **불교**는 고려 사람들의 삶에 큰 영향을 미친 종교였어. 곳곳에 많은 절과 불상, 석탑이 지어졌지. **고려청자**는 아름다운 비색으로 유명했어. 고려의 **인쇄술**은 일찍부터 발달했어. 세계 최초로 **금속 활자**를 이용한 책을 찍어 내기도 했지.

금고를 열자!

자, 이번엔 금고 안에 맛있는 간식이 들어 있어. 다음 문제들의 빈칸에 들어갈 알맞은 말을 아래 글자판에서 찾아 색칠하면 금고의 비밀번호를 알아낼 수 있어.

1. ○○은/는 고려를 건국한 사람이야.
2. ○○은/는 서경으로 수도를 옮기려고 했어.
3. ○○은/는 적장과 담판을 벌여 거란군을 물리쳤어.
4. ○○은/는 여진을 정벌하고 동북 9성을 쌓았어.
5. 광종 때 시험으로 관리를 뽑는 ○○○을/를 실시했어.
6. ○○○은/는 원의 간섭에서 벗어나 개혁 정책을 펼쳤어.
7. 고려 때 세계 최초로 ○○ 활자를 이용한 책이 만들어졌어.
8. 고려○○은/는 아름다운 비색으로 유명한 도자기야.
9. 대부분의 고려 사람들이 믿었던 종교는 ○○(이)야.

최	우	이	자	겸	문	신
묘	청	왕	신	청	무	과
몽	골	건	진	자	신	거
공	서	희	사	금	속	제
민	거	란	대	쌍	음	윤
왕	불	교	부	기	서	관
벽	란	도	강	감	찬	원

오, 비밀번호를 알아냈단 말이야? 정말 대단하군!

비밀번호 ☐ ☐

도전 한국사능력 검정시험

좀 더 어려운 과제에 도전해 볼까?

52회 기출 변형 01 밑줄 그은 '나'에 대한 설명으로 옳은 것은?   51쪽지

나는 왕으로 즉위해 나라 이름을 고려라 정했습니다. 이후 신라의 항복을 받고 후백제를 격파하여 후삼국을 통일했습니다.

① 전국을 8도로 나눴다.
② 천리장성을 축조했다.
③ 과거제를 처음으로 실시했다.
④ 자손들에게 훈요 10조를 남겼다.

48회 기출 변형 02 다음 역사 다큐멘터리의 제목으로 가장 적절한 것은?   52쪽지

노비를 안검하고 조사하여, 불법적으로 노비가 된 자가 있으면 찾아내 풀어 주도록 하시오.

① 광종, 왕권 강화를 이루다.
② 인종, 서경 천도를 계획하다.
③ 태조, 북진 정책을 추진하다.
④ 공민왕, 개혁 정치를 펼치다.

03 (가) 인물에 대한 설명으로 옳은 것은?

들어 봐! 거란의 침입을 막아 낸 (가) 의 외교 담판 이야기! 고구려의 옛 땅이 거란의 땅이라고? 노~노~ 고려는 고구려의 후!계!자! 그래서 이름도 고!려! 거란을 외면하고 송나라만 사귄다고? 노~노~ 우리 사이 여진이 가로막고 있어 통하지 못할 뿐!

① 4군 6진을 개척했다.
② 강동 6주를 획득했다.
③ 동북 9성을 축조했다.
④ 쌍성총관부를 공격했다.

04 다음 가상 인터뷰에 나타난 사건으로 옳은 것은?

서경에서 반란을 일으킨 이유가 무엇인가요?

저는 서경으로 수도를 옮기면 나라가 평안해지고, 많은 나라가 항복해 올 것이라고 주장했습니다. 그런데 조정에 반대하는 무리가 있어 뜻을 이룰 수 없었기 때문에 반란을 일으킨 것입니다.

① 묘청의 난
② 김흠돌의 난
③ 황소의 난
④ 이자겸의 난

05 다음에서 공통으로 이야기하고 있는 왕의 업적으로 옳은 것은?

원에 볼모로 갔다가 고려의 왕이 되었어.
신돈에게 개혁을 이끌도록 했어.
몽골식 풍습을 금지했어.
노국 대장 공주와 서로 사랑했어.

① 귀주에서 거란군을 크게 물리쳤다.
② 별무반이라는 군대를 만들었다.
③ 무신 정변을 일으켰다.
④ 원나라에게 빼앗겼던 영토를 회복했다.

정답 및 해설

1단원

쏙쏙 퀴즈
01. 돌, 주먹도끼 02. O, X 03. 군장, 돌 04. X, X
05. 고조선, 웅녀 06. X, X 07. 단단했다, 연나라
08. O, O 09. 중계, 멸망 10. X, X

한국사능력검정시험
01. ③　02. ②　03. ③　04. ④　05. ①

해설
01. 주먹 도끼를 사용했던 시대는 구석기 시대야. 구석기 시대 사람들은 이동 생활을 하며 동굴이나 막집에서 살았어. ②는 신석기 시대의 생활 모습이야.

02. 움집에서 생활하며 가락바퀴로 실을 뽑고, 갈돌과 갈판으로 곡식을 갈았던 것은 신석기 시대야. 신석기 시대에는 빗살무늬 토기를 사용했어. ①은 주먹도끼(구석기), ③은 청동 방울(청동기), ④는 철갑옷(철기)이야.

03. 고인돌을 만들었던 때는 청동기 시대야. 청동기 시대에도 농사를 지을 때는 반달 돌칼 등 돌로 만든 도구를 썼어. ①은 삼국 시대 이후, ②는 구석기 시대, ④는 신석기 시대의 생활 모습이야.

04. 고조선은 평양성(왕검성)을 도읍으로 삼았고 범금 8조라는 법이 있었어. 고조선은 한나라와 대립하다가 한 무제의 공격을 받고 멸망했어.

05. 부여에는 왕 외에도 마가, 우가, 저가, 구가 등 힘을 가진 세력들이 여러 지역을 각각 나누어 다스렸어. 또 높은 사람이 죽으면 그를 따르는 시종들을 함께 묻는 순장이라는 풍습이 있었지. ②는 고구려, ③은 동예, ④는 옥저야.

2단원

쏙쏙 퀴즈
11. 부여, 졸본 12. O, X 13. 불교, 신라 14. O, X
15. 장수왕, 신라 16. O, X 17. 유리, 서울 18. X, O
19. 고구려, 교류 20. X, X 21. 벽돌, 일본 22. O, X
23. 공주, 사찰 24. O, X 25. 고구려, 김 26. X, O
27. 법, 이차돈 28. X, O 29. 현명한, 첨성대
30. O, X 31. 대가야, 신라 32. O, X
33. 중국, 백제

한국사능력검정시험
01. ④　02. ④　03. ②　04. ②　05. ①

해설
01. 고구려 장수왕은 남진 정책을 추진해서 백제를 공격하고 한강 유역을 차지했어. 광개토 대왕릉비를 세우기도 했지. ① 태학 설립은 고구려 소수림왕 때, ② 우산국 정벌은 신라 지증왕 때, ③ 칠지도를 보낸 것은 백제 근초고왕 때의 일이야.

02. 백제가 왜에 보낸 문화유산은 칠지도야. ①은 고구려의 불상, ②는 조선 세종 때 만든 해시계, ③은 경주에서 발견된 광개토 대왕의 이름이 새겨진 청동 그릇이야.

03. 신라 법흥왕은 이차돈의 순교를 계기로 불교를 공인했어. 또한 남쪽으로 금관가야를 통합했어.

04. 신라의 독특한 신분 제도는 골품제야. 골품제에서는 신분에 따라 쓸 수 있는 집의 크기와 물건이 엄격히 제한되었어. ① 화랑도는 신라에서 청소년들이 수련하던 단체야. ③ 율령은 나라를 다스리는 데 필요한 법에 해당해. ④ 제가 회의는 고구려의 지배층인 여러 가(加)들이 모여 나라의 큰일을 결정하던 회의야.

05. 백제 성왕은 수도를 웅진에서 사비로 옮기고, 나라의 이름을 남부여로 바꿨어.

3단원

쏙쏙 퀴즈
34. X, O **35.** 천리, 제거 **36.** X, O **37.** 백제, 동맹
38. O, X **39.** 하지 않았다, 황산벌 **40.** X, O
41. 문무왕, 용 **42.** X, O **43.** 말갈인, 발해 **44.** X, X
45. 상경, 고구려 **46.** X, X **47.** 김대성, 불국사
48. X, O **49.** O, O **50.** 호족, 신라

한국사능력검정시험
01. ② **02.** ② **03.** ④ **04.** ③ **05.** ④

해설
01. 고구려의 을지문덕 장군은 살수 대첩에서 수나라의 30만 대군을 크게 무찔렀어.

02. 신라는 당나라와 나당 전쟁을 벌였어. 신라는 매소성과 기벌포에서 당나라군에 큰 승리를 거두면서 당나라를 몰아내고 삼국 통일을 이룰 수 있었어.

03. 전시된 유물은 발해의 치미와 용머리 상이야. 대조영이 세운 발해는 고구려를 계승한 나라였어. 선왕 때 전성기를 맞이해 '해동성국'으로 불렸어. ① 수의 침략을 물리친 나라는 고구려야. ② 의자왕은 백제의 마지막 왕이야. ③ 장안성은 당나라의 수도였어.

04. 장보고는 지금의 전라남도 완도에 청해진을 세우고 이곳을 거점으로 삼아 주변의 해적을 소탕했어. 주변 나라들과의 무역을 통해 큰 이익을 얻기도 했어.

05. 최치원은 신라 6두품 집안 출신으로 당나라에서 유학하며 빈공과에도 합격해 관직에 올랐어. 신라로 돌아와서는 진성 여왕에게 10여 조의 시무책을 올렸지만, 6두품 출신이라는 이유로 진골 귀족들에게 무시당했지.

4단원

쏙쏙 퀴즈
51. X, X **52.** 노비, 과거제 **53.** X, X
54. 소손녕, 강동 **55.** O, O **56.** 별무반, 동북
57. X, O **58.** 문벌, 이자겸 **59.** X, O
60. 무신, 최씨 **61.** O, X **62.** 원나라, 고려양
63. X, O **64.** O, X **65.** 반대, 이방원 **66.** X, O
67. 시장, 8각 **68.** X, X **69.** 팔만, 금속

한국사능력검정시험
01. ④ **02.** ① **03.** ② **04.** ① **05.** ④

해설
01. 왕건은 고려를 세워 후삼국을 통일했어. 그리고 자손들에게 훈요 10조를 남겼어. ①은 조선 태종, ②는 고려 강감찬, ③은 고려 광종이 한 일이야.

02. 광종은 호족들의 힘을 약화시키고 왕권을 강화하기 하기 위해 노비안검법을 실시했어. 이를 통해 호족들이 불법적으로 노비로 만든 사람들을 양인으로 풀어 주었어.

03. 서희는 거란군 지휘관 소손녕과의 담판에서 고려야말로 고구려를 계승한 나라이며, 여진에 가로막혀 거란과 친하게 지낼 수 없다고 이야기했어. 서희의 담판으로 고려는 거란군을 물리치고 강동 6주도 획득할 수 있었어.

04. 묘청은 서경으로 수도를 옮기자는 자신의 주장이 받아들여지지 않자 반란(묘청의 난)을 일으켰어.

05. 대화에서 공통적으로 이야기하는 왕은 고려 공민왕이야. 공민왕은 쌍성총관부를 공격해 원나라에게 빼앗겼던 영토를 회복했어. ①은 강감찬, ②는 윤관, ③은 정중부를 비롯한 무신들이 한 일이야.

1단원
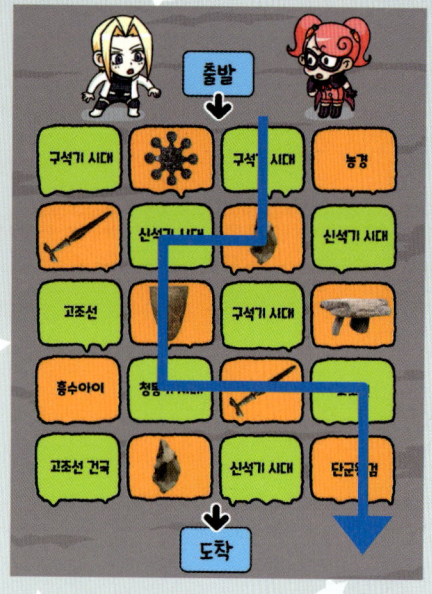

2단원

❶	❷	❸	❹	❺	❻	❼	❽
역	사	탐	험	은	즐	거	워

3단원

4단원

비밀번호: 2 4

사진 제공

15 주먹 도끼(국립중앙박물관) | 17 빗살무늬 토기, 갈돌과 갈판(국립중앙박물관) | 19 비파형 동검, 팔주령, 거친무늬 거울, 반달 돌칼(국립중앙박물관) | 21 강화 부근리 지석묘(문화재청) | 25 농경문 청동기(국립중앙박물관), 미송리식 토기(이미지파트너스) | 27 세형 동검, 잔무늬 거울, 고조선의 철기(국립중앙박물관) | 31 명도전(국립중앙박물관) | 41 오녀산성(동북아역사재단) | 43 국내성 성벽(북앤포토) | 45 퉁구 12호분 벽화(국립중앙박물관) | 47 태왕릉(정상민), 장군총(동북아역사재단), 아차산 보루(문화재청) | 49 광개토 대왕릉비, 호우명 그릇(국립중앙박물관), 충주 고구려비(문화재청) | 51 안악 3호분 벽화(동북아역사재단), 무용총 벽화(북앤포토) | 53 서울 풍납동 토성(서울연구데이터서비스), 청동 자루솥(국립중앙박물관) | 55 석촌동 고분군(북앤포토), 산성하 고구려 고분군(동북아역사재단) | 59 칠지도(북앤포토) | 61 무령왕 금제 관식, 무령왕릉 진묘수(국립공주박물관) | 65 공주 공산성, 공주 송산리 고분군, 익산 왕궁리 유적, 익산 미륵사지, 익산 미륵사지 석탑(문화재청) | 68 경주 대릉원(문화재청) | 69 금관총 금관(국립중앙박물관) | 72 울진 봉평리 신라비(문화재청) | 73 이차돈 순교비(국립경주박물관) | 75 북한산 신라 진흥왕 순수비(국립중앙박물관) | 77 첨성대(문화재청) | 79 금관가야의 철갑옷, 덩이쇠(국립김해박물관) | 81 대가야 금관, 금동관(문화재청) | 83 경주 분황사 모전 석탑, 부여 정림사지 5층 석탑(문화재청), 금동 연가 7년면 여래 입상(국립중앙박물관) | 85 고구려 수산리 고분 벽화(동북아역사재단), 일본 다카마쓰 고분 벽화(북앤포토), 목조 미륵보살 반가 사유상(북앤포토) | 88 앙부일구(문화재청) | 95 고구려 백암성(동북아역사재단) | 99 경주 태종 무열왕릉비(문화재청) | 101 경주 김유신묘(문화재청) | 107 동궁과 월지(위키피디아), 대왕암(문화재청) | 111 동모산(북앤포토) | 113 발해 석등(동북아역사재단) | 114 고구려 수막새, 발해 수막새(국립중앙박물관), 고구려 치미(동북아역사재단), 발해 치미(이미지파트너스) | 115 발해 용머리 상(이미지파트너스) | 117 원효 영정, 의상 영정(위키피디아) | 119 불국사 청운교와 백운교, 불국사 다보탑(위키피디아), 석굴암 본존불(문화재청), 불국사 3층 석탑(한국관광공사) | 121 청해진(한국학중앙연구원), 장보고 동상(이미지파트너스) | 123 해인사 길상탑(문화재청) | 133 개태사 철확(문화재청) | 135 용두사지 철당간(문화재청) | 141 낙성대 강감찬 동상(북앤포토) | 143 척경입비도(위키피디아) | 145 청동 항해 무늬 거울(국립중앙박물관) | 155 천산대렵도(북앤포토), 수령 옹주 묘지명(국립중앙박물관) | 157 공민왕과 노국 대장 공주(국립고궁박물관) | 159 개성 성균관(위키피디아) | 161 정몽주의 묘(문화재청), 정몽주 초상화(위키피디아) | 165 논산 관촉사 미륵보살, 하남 하사창동 철조 석가여래 좌상(문화재청), 평창 월정사 8각 9층 석탑(위키피디아) | 169 합천 해인사 장경판전 내부(위키피디아), 금속 활자(국립중앙박물관)

※ 저작권자를 알 수 없어 게재 허락을 받지 못한 사진의 경우, 저작권자가 확인되는 대로 게재 허락을 받고 통상적인 사용료를 지불하겠습니다.

찾아보기

9주 5소경 108
간석기 16
강감찬 140
강동 6주 139
강화도 152
개로왕 46
견훤 125, 133
계백 103
고구려 고분 벽화 50
고려양 155
고려청자 145, 166
고인돌 20
고조선 23
골품제 77, 123
공녀 154
공민왕 156
과거제 135
관산성 전투 63
관창 103
광개토 대왕 44
광개토 대왕릉비 48
광종 134
구석기 시대 14
국내성 42
국학 109
군장 19, 21
궁예 125, 132
권문세족 156, 159

귀주 대첩 141
근초고왕 56, 58
금관가야 79, 80
금속 활자 169
김대성 118
김부식 149
김유신 100
김윤후 153
김춘추(태종 무열왕) 98, 101
김흠돌의 난 108
나당 동맹 99
나당 전쟁 105
남북국 시대 111
내물 마립간 68
노국 대장 공주 157
노비안검법 135
다보탑 119
단군 신화 22
단군 조선 29
단군왕검 23, 25
대가야 80
대조영 110
돌무지무덤 55
동북 9성 143
동예 33
뗀석기 14
마한 33, 56
말갈 110, 114

몽골풍 155
묘청 148
무령왕 60
무령왕릉 61
무신 정변 151
무왕(발해) 112
문무왕 106
문벌 146
문왕(발해) 113
미송리식 토기 25
박혁거세 66
반달 돌칼 19
백제 역사 유적 지구 64
범금 8조 29
법흥왕 72, 81
벽란도 144
변한 33, 78
별무반 142
부여 32, 40
북한산 진흥왕 순수비 75
불국사 119
불국사 3층 석탑(석가탑) 119
빗살무늬 토기 17
사로국 68, 71
사비 천도 62
살수 대첩 93
삼국 통일 105, 106
『삼국유사』 23

삼별초 153
삼한 33
상경성 115
서경(평양) 148
서라벌 67
서희 138
석굴암 119
선덕 여왕 76
선왕(발해) 113
성균관 158
성리학 158
성왕 62
소손녕 138
소수림왕 44
손변 162
수로왕 79
신돈 157
신문왕 108
신석기 시대 16
신진 사대부 159
안시성 96
연개소문 94
연남생 104
연등회 164
연맹 국가 80
옥저 33
온조 53
왕건(고려 태조) 125, 132
왕검성 29
우거왕 30
웅진 천도 60, 62
원효 116

위례 53, 62
위만 28
위만 조선 29
윤관 142
을지문덕 92
음서 137
의상 116
의자왕 102
이사부 71
이자겸 146
이차돈 72
장보고 120
장수왕 46
정몽주 160
정중부 151
졸본 41
주먹도끼 14
주몽 41, 52
준왕 28
지증왕 71
『직지』 169
진대법 43
진한 33, 67
진흥왕 74
천리장성(고구려) 95
천리장성(고려) 141
철기 26, 79
첨성대 77
청동 18
청동기 시대 19, 24
청해진 121
최씨 정권 151

최충헌 151
최치원 122
충주 고구려비 49
칠지도 58
태조왕 42
팔관회 164
팔만대장경 153, 168
평양 천도 46
평양성 전투 57
해동성국 113
호우명 그릇 49
호족 124, 133
화랑도 75, 103
황룡사 9층 목탑 77
황산벌 전투 103
후고구려 125, 132
후백제 125, 132
후삼국 시대 125
훈요 10조 133

1판 1쇄 발행 | 2022. 9. 23.
1판 3쇄 발행 | 2024. 9. 10.

글 정지은 이홍석 | **그림** 뭉선생 윤효식 | **감수** 안정준

발행처 김영사 | **발행인** 박강휘
편집 이홍석 정상민 이민경 | **디자인** 윤소라 | **마케팅** 곽희은 | **홍보** 박은경 조은우
등록번호 제 406-2003-036호 | **등록일자** 1979. 5. 17.
주소 경기도 파주시 문발로 197(우10881)
전화 마케팅부 031-955-3100 | 편집부 031-955-3113~20 | 팩스 031-955-3111

값은 표지에 있습니다.
ISBN 978-89-349-4356-3 77910
ISBN 978-89-349-4373-0 (세트)

좋은 독자가 좋은 책을 만듭니다. 김영사는 독자 여러분의 의견에 항상 귀 기울이고 있습니다.
전자우편 book@gimmyoung.com | 홈페이지 www.gimmyoung.com